Ralph Caspers

Wenn Papa jetzt tot ist, muss er dann sterben?

RALPH CASPERS

# WENN PAPA JETZT TOT IST, MUSS ER DANN STERBEN?

Wie wir Kindern in Trauer helfen können

LÜBBE

NACHHALTIG PRODUZIERT

Die Bastei Lübbe AG verfolgt eine nachhaltige Buchproduktion. Wir verwenden Papiere aus nachhaltiger Forstwirtschaft und verzichten darauf, Bücher einzeln in Folie zu verpacken. Wir stellen unsere Bücher in Deutschland und Europa (EU) her und arbeiten mit den Druckereien kontinuierlich an einer positiven Ökobilanz.

Dieser Titel ist auch als Hörbuch und E-Book erschienen.

FSC www.fsc.org
MIX
Papier | Fördert gute Waldnutzung
FSC® C014496

Originalausgabe


Schanzenstraße 6 – 20, 51063 Köln, Deutschland
Bei Fragen zur Produktsicherheit wenden Sie sich bitte an:
produktsicherheit@bastei-luebbe.de



Textredaktion: Ulrich Hoffmann
Lektorat: Angela Kuepper, München
Umschlaggestaltung: ZERO Werbeagentur, München
Einband-/Umschlagmotiv: © shutterstock: FinePic;
© Johannes Haas, Köln
Satz: hanseatenSatz-bremen, Bremen
Gesetzt aus der Adobe Caslon Pro
Druck und Einband: GGP Media GmbH, Pößneck

Printed in Germany
ISBN 978-3-7857-2632-7

4 5 3

Sie finden uns im Internet unter luebbe.de
Bitte beachten Sie auch: lesejury.de

# Inhaltsverzeichnis

Hallo!
**17**

**TEIL 1**
**Notfallpläne**
**21**

Wie informiere ich ein Kind über einen Todesfall?
**23**

Wann informiere ich ein Kind über einen Todesfall?
**24**

Was sage ich bei einem Todesfall zu einem Kind?
**25**

Wie viele Infos gebe ich einem Kind zur Todesursache?
**26**

Wie verabschiedet man sich von einem geliebten Menschen? Darf man Tote anfassen?
**28**

Wie schnell muss der Tote abgeholt werden?
**29**

Wann muss ich Arzt und Bestatter rufen?
**30**

Wie lange dauert Trauer?
**31**

Trauern Kinder anders als Erwachsene?
**33**

Wie unterstütze ich eine trauernde Familie?
**35**

Darf man in der Trauerzeit auch Spaß haben?
**36**

Wohin ist der Tote verschwunden? Gibt es eine Seele?
**37**

Wohin ist die Leiche verschwunden? Was passiert nach dem Tod?
**38**

Wie schnell sollten Kinder nach einem Todesfall wieder in den Kindergarten oder zur Schule gehen?
**39**

Darf ich mich von meinem Kind trösten lassen?
**40**

Darf ich vor (m)einem Kind traurig sein und weinen?
**41**

Wo kann man sich Hilfe holen?
**42**

Was sage ich beim Begräbnis (im Aufzug, im Supermarkt) zu den Trauernden?
**43**

Was ist der Tod? Ab wann ist man tot?
**45**

Was passiert mit dem Körper, wenn man gestorben ist? Kann er noch fühlen oder hören?
**47**

Woher weiß man, dass jemand nicht mehr lebt? Wie sieht ein toter Mensch aus?
**48**

Tut Sterben weh?
**49**

Was und wie viel kann man Kindern sagen?
Wie viel Wahrheit vertragen Kinder?
**50**

Warum gibt es den Leichenschmaus?
**51**

Warum tragen so viele Leute Schwarz, wenn sie trauern?
**53**

Die Traueraufgaben und ihre Bewältigung
**54**

Kann man beim Trauern etwas falsch machen?
**56**

Was ist die Totenruhe? Wie kann man Tote stören?
**57**

Was kommt nach dem Tod?
**58**

Warum töten sich manche Menschen selbst?
**59**

Was geschieht im Krematorium?
Wenn ein Mensch eingeäschert wird,
ist dann der ganze Körper in der Urne?
**61**

Was muss man alles machen,
wenn ein Mensch gestorben ist?
**62**

Darf man etwas in den Sarg mit hineinlegen?
**64**

Was kann man gegen das Vergessen tun?
Was kann man tun, damit man seine Mutter oder seinen Vater auch nach Jahren nicht vergisst?
**65**

Darf ich lachen, auch wenn ich eigentlich trauern sollte?
**66**

Bin ich schuld am Tod?
**67**

Ich wollte noch so viel sagen …
**68**

Wir haben uns gestritten …
**69**

Was fast alle tun, wir aber nicht tun sollten, wenn jemand gestorben ist
**70**

**TEIL 2**
**Informationen für konkrete Beziehungssituationen**
**75**

Ein Elternteil verstorben

Kind im Babyalter
**79**

Kind im Kindergartenalter
**84**

Kind im Grundschulalter
**88**

Kind im Teenageralter
**92**

Jugendlicher oder junger Erwachsener
**96**

Beide Elternteile verstorben

Kind im Babyalter
**99**

Kind im Kindergartenalter
**102**

Kind im Grundschulalter
**105**

Kind im Teenageralter
**108**

Jugendlicher oder junger Erwachsener
**111**

Großvater, Großmutter, Tante oder Onkel verstorben

Kind im Babyalter
**114**

Kind im Kindergarten- oder Grundschulalter
**116**

Teenager, Jugendliche und junge Erwachsene
**120**

Geschwisterkind verstorben

Kind im Babyalter
**122**

Kind im Kindergartenalter
**124**

Kind im Grundschulalter
**128**

Teenager, Jugendliche und junge Erwachsene
**134**

Nachbar oder Freund der Familie verstorben

Kind im Babyalter
**137**

Kind im Kindergartenalter
**138**

Kind im Grundschulalter
**142**

Teenageralter, Jugendliche und junge Erwachsene
**145**

Haustier verstorben

Kind im Babyalter
**148**

Kind im Kindergartenalter
**149**

Kind im Grundschulalter
**151**

Kind im Teenageralter, Jugendlicher
oder junger Erwachsener
**152**

Freund, Mitschüler oder Cousine bzw.
Cousin des Kindes verstorben

Kind im Babyalter
**154**

Kind im Kindergartenalter
**155**

Teenager, Jugendliche und junge Erwachsene
**161**

Ungewöhnliche Todesarten
(Unfall, Suizid, Verbrechen)
**168**

Trauer auf Dauer: Tod durch
lang anhaltende Krankheiten
**173**

**TEIL 3**
**Häufige Fragen und weitere Informationen**
**183**

Was sagen, was lieber nicht sagen?
**185**

Wie unterscheidet sich Trauer in
verschiedenen Lebensphasen?
**188**

Warum und wie und wann muss der Tote abgeholt werden? Kann ich ihn oder sie noch mal anfassen / umarmen?
**194**

Was passiert zwischen Abholung der Leiche und Beerdigung?
**195**

Über den bevorstehenden Tod eines Angehörigen sprechen?
**197**

Angst vor weiteren Todesfällen
**200**

Habe ich Schuld am Tod?
**202**

Was passiert beim und nach dem Tod mit dem Körper?
**205**

Woher kommt der Begriff »Leichengift«?
**210**

Gibt es eine Seele? Wo ist die dann?
**211**

Was kommt nach dem Tod – und kann man wieder aufwachen, wenn man schon tot war?
**214**

Wie lange dauert Traurigsein?
**215**

Wenn Papa jetzt tot ist, kann ich dann sein Handy haben? Und was wird aus den Internetveröffentlichungen eines verstorbenen Menschen?
**231**

Wie läuft die Beerdigung ab? Von der Einladung bis zur Etikette
**233**

Wie übersteht man das erste Weihnachten, Silvester, den ersten Geburtstag ohne den verstorbenen Menschen?
**237**

Weltblick: Trauerrituale anderswo – wie wird in anderen Gegenden der Welt getrauert und mit den Toten umgegangen?
**239**

Welchen Sinn hat Trauer evolutionsbiologisch?
**244**

Trauern Tiere auch (oder deuten wir ihr Verhalten nur so)?
**246**

Testament, Erbe, Pflichtteil, Vormundschaft, Erinnerungsstücke, Ausmisten
**248**

Wie kann man dem oder der Toten verbunden bleiben?
**250**

Wie viele Menschen sterben in
Deutschland pro Jahr und woran?
**256**

Wann kommt die Polizei, und
was passiert in der Rechtsmedizin?
**263**

Biologischer Abbau: Der Tod stellt zugleich
die Lebensgrundlage für andere Lebewesen dar
**266**

Wie stirbt man durch …
**272**

Ausblick: Wie kann das Leben weitergehen?
**276**

Nachwort
**278**

Verwendete Literatur
**281**

# Hallo!

Kennen Sie diese Notfallkarten in Flugzeugen? Auf ihnen finden sich ganz einfache Anleitungen für Situationen, die die meisten von uns wahrscheinlich noch nie erlebt haben und hoffentlich nie erleben werden. Und trotzdem wüsste jeder von uns, der schon mal geflogen ist, sofort die Antwort auf die Frage: Was muss man tun, falls auf einmal Sauerstoffmasken von der Decke fallen und einem vorm Gesicht herumbaumeln?

Nur zur Sicherheit, falls Sie das doch einmal erleben sollten: Auch wenn man den Kindern, die neben einem sitzen, vielleicht zuerst helfen möchte, zieht man sich selbst die Sauerstoffmaske an und hilft erst dann seinen Sitznachbarn[1]. Schon seltsam, oder? Haben uns Generationen von Großeltern, Eltern und Titanic-Verfilmungen nicht immer beigebracht: »Schwa-

[1] Aus Gründen der besseren Lesbarkeit habe ich häufig die gewohnte männliche Sprachform gewählt. Das soll jedoch keine Benachteiligung des weiblichen Geschlechts darstellen, sondern dient nur zur Vereinfachung.

che und Kinder zuerst«? Im Flugzeug bei Druckabfall in der Kabine könnte dieses selbstlose Verhalten jedoch zur Folge haben, dass man bewusstlos wird, noch bevor man seinen Kindern die Sauerstoffmaske auf Mund und Nase drücken konnte. Das wiederum hätte zur Folge, dass auch die Kleinen ohnmächtig werden würden. Dann wäre niemandem geholfen. Wenn man das weiß, kann man in solch einer Situation entsprechend reagieren – auch wenn es auf den ersten Blick egoistisch erscheint und so manche Großeltern missbilligend ihre Köpfe schütteln würden.

Solch eine Notfallkarte, die mir einfach und schnell erklärt, was ich tun muss, habe ich mir für eine bestimmte Situation schon oft gewünscht: wenn jemand gestorben ist.

Der Tod wird bei uns totgeschwiegen. Niemand möchte gerne darüber sprechen. Denn darüber zu reden würde bedeuten, auch über das eigene Ende nachzudenken oder über den Tod eines Menschen, ohne den man sich sein Leben nicht vorstellen könnte.

Nicht allen fällt die Beschäftigung mit dem eigenen Ableben so leicht wie meiner Mutter, die schon seit Jahren bei sich zu Hause im Regal drei Ordner stehen hat, die beschriftet sind mit: *Im Falle meines Todes eins bis drei.* Immer wenn sie uns Kindern davon erzählt – wöchentlich am Telefon –, müssen wir grinsen. Und wir gruseln uns. Und sind auch irgendwie froh, dass es diese Ordner gibt.

Vorbereitung ist alles, das weiß jeder. Trotzdem trifft uns der Tod meistens sehr unvorbereitet. Beim eigenen kann man nicht viel machen, außer vorher Ordner zu befüllen. Für alle anderen Tode und die Trauer, die sie mit sich bringen, ist dieses Buch gedacht. Es soll vor allem den Menschen eine Hilfe sein, die sich unsicher sind, wie sie trauernden Familien und vor allem trauernden Kindern begegnen sollen. Somit dient es zur Vorbereitung und als Notfallplan für Momente, in denen man selbst erst mal geschockt über die Situation und sich unsicher ist, wie man sich am besten verhalten soll.

Dieses Buch soll die Anleitung zum Umgang mit dieser außergewöhnlichen Situation sein, die mir bisher immer gefehlt hat.

Alles Gute!
Ralph Caspers

# TEIL 1:
## NOTFALLPLÄNE

Meist kommt der Tod überraschend. Dann wissen wir nicht, wie wir mit der eigenen Trauer umgehen sollen. Und erst recht nicht, wie wir Kinder trösten oder ihnen beistehen können.

Auf den nächsten Seiten gebe ich kurze, konkrete Tipps, was in schwierigen Situationen besser ist als Schweigen und Distanz. Ausführliche Infos und Hintergründe finden Sie im weiteren Verlauf des Buches.

# Wie informiere ich ein Kind (oder einen Jugendlichen) über einen Todesfall?

»Es tut mir sehr leid, dein Opa (Vater, Bruder, Kaninchen – denn ja, auch der Tod eines Haustiers kann tiefe Trauer auslösen) ist heute Morgen gestorben.«

Vermeiden Sie ausweichende Formulierungen wie »ist eingeschlafen«, »ist jetzt im Himmel«, »ist von uns gegangen«, »ist auf einer langen Reise«. So schwer es Ihnen auch fällt, bleiben Sie sprachlich so klar wie möglich: »ist tot«, »ist gestorben«.

# Wann informiere ich ein Kind über einen Todesfall?

Oft denkt man, eine schlimme Nachricht sei weniger schlimm, wenn man nur den richtigen Moment erwischt, um sie loszuwerden. Man fängt an aufzuschieben. Womöglich denkt man sich die abenteuerlichsten Geschichten aus, um zu erklären, wo Papa ist. Oder man sagt gar nichts mehr. Kinder merken allerdings sehr schnell, wenn etwas nicht stimmt. Dann verlieren sie nicht nur einen wichtigen Menschen, sondern im schlimmsten Fall auch Vertrauen in die Personen, die noch da sind. Deshalb ist der beste Moment, ein Kind über einen Todesfall zu informieren: jetzt. Auch wenn es Ihnen schwerfällt. Schieben Sie es nicht auf.

# Was sage ich bei einem Todesfall zu einem Kind (oder Jugendlichen)?

Seien Sie ehrlich. Und wenn es Ihnen schwerfällt, etwas zu sagen, seien Sie auch ehrlich und sagen: »Ich bin sprachlos. Ich weiß einfach nicht, was ich sagen kann.« Das ist allemal besser, als nichts zu sagen und dadurch so zu tun, als wäre nichts passiert.

Tod und Trauer sind in unserer Gesellschaft ein Tabu. Wir mögen sie nicht, fühlen uns macht- und hilflos. Wenn wir Trauernden begegnen, macht uns das sprachlos. Das ist schade, denn so verlieren Trauernde nicht eine Person (oder auch »nur« ein Tier), die/das ihnen viel bedeutete. Sie verlieren zugleich ihr soziales Umfeld.

Beim ersten Treffen können Sie sagen: »Es tut mir sehr leid, dass XYZ gestorben ist. Ich kann mir vorstellen, du bist sehr traurig.«

Bei weiteren Begegnungen können Sie fragen: »Wie geht es dir? Möchtest du von XYZ erzählen?«

# Wie viele Infos gebe ich einem Kind (oder Jugendlichen) zur Todesursache?

So viele Infos wie nötig – altersgerecht und direkt. Beantworten Sie die Fragen ehrlich. Geben Sie zu, wenn es Ihnen schwerfällt, über bestimmte Aspekte zu sprechen. Überfrachten Sie Kinder nicht. Wenn ein Kind zum Beispiel fragt, wann Mama gestorben ist, beantworten Sie nur diese Frage, und packen Sie in die Antwort nicht auch noch Informationen, nach denen gar nicht gefragt wurde. Kinder haben ein gutes Gespür dafür, wie viel sie verkraften können und wissen wollen. Vertrauen Sie darauf und respektieren Sie diese Grenzen.

Andererseits sollten Sie die Todesursache weder verschweigen noch verheimlichen. Informationen darüber helfen, den Tod anzuerkennen. Denn Totsein ist für Kinder und die meisten Jugendlichen ein abstraktes Konzept und nicht leicht zu begreifen.

- Trat der Tod durch hohes Alter ein, betonen Sie, dass der Mensch starb, weil er »sehr alt« war (sonst kann Angst um die Eltern entstehen, die von Kindern und Jugendlichen auch als »alt« empfunden werden).
- Trat der Tod durch Krankheit ein, betonen Sie, dass es eine »sehr schwere Krankheit« war (sonst kann Angst vor Krankheiten entstehen).
- Trat der Tod durch einen Unfall ein, betonen Sie, dass es ein »sehr schwerer Unfall« war, der zu »sehr schweren Verletzungen« geführt hat (sonst kann Angst entstehen, aus dem Haus zu gehen).
- Trat der Tod durch Suizid ein, vermeiden Sie die Begriffe »Freitod« oder »Selbstmord«[1]. Sagen Sie »tötete sich selbst«: »Er oder sie war sehr schwer krank und wollte daher nicht mehr leben.«

[1] »Freitod« klingt nach einer freien Willensentscheidung für den Tod. Doch das trifft gar nicht die Situation von Menschen, deren Sichtweise von Ausweglosigkeit geprägt ist. Und »Mord« ist eine schwere Straftat, nämlich das Töten eines anderen aus niederen Beweggründen. Der Begriff »Selbstmord« schädigt daher also nachträglich die Erinnerung an den Toten. Außerdem sind Suizidtrauernde eben nicht Hinterbliebene eines Mörders.

## Wie verabschiedet man sich von einem geliebten Menschen (oder Tier)? Darf man Tote anfassen?

Ja, man darf Tote anfassen. Man kann und darf tote Menschen und Tiere berühren, streicheln, umarmen und küssen. Kinder und Jugendliche sollten dazu auf keinen Fall gezwungen werden. Man kann sie aber fragen, ob sie den Toten umarmen möchten, und ihnen sagen, dass das völlig in Ordnung ist.

Ausnahme: Die oder der Tote ist zum Beispiel durch einen Unfall stark entstellt. Dann sollten Sie die Bestatterin oder den Bestatter um Rat und Hilfe bitten.

Das oft zitierte »Leichengift«, vor dem sich viele Menschen fürchten, gibt es nicht. Es ist also nicht gefährlich, die Tote oder den Toten anzufassen.

Bieten Sie an, das Kind oder den Jugendlichen zu begleiten.

# Wie schnell muss der Tote abgeholt werden?

Wer zu Hause stirbt, darf dort (je nach Bundesland) zwischen vierundzwanzig und achtundvierzig Stunden bleiben. Genaueres wissen der Arzt, der den Tod feststellt, und der Bestatter. Etwa ein bis zwei Stunden nach dem Tod setzt die »Totenstarre« ein, der Körper wird kühl und versteift sich. Dennoch darf man ihn weiterhin berühren, streicheln, umarmen, Abschied nehmen!

Für sehr warme Tage im Sommer gibt es bei Bestattungsunternehmen Kühlmatten.

# Wann muss ich Arzt und Bestatter rufen?

Der Tod muss von einem Arzt festgestellt werden. Stirbt jemand im Krankenhaus, geschieht dies automatisch. Ebenso, wenn die Polizei im Spiel ist (zum Beispiel Unfall, Suizid im öffentlichen Raum). Stirbt jemand zu Hause, sind Sie verpflichtet, den Arzt zu rufen (Hausarzt oder Notarzt über 112). Spätestens am Tag darauf sollten Sie eine Bestatterin oder einen Bestatter kontaktieren. Auch wenn Ihnen vermutlich überhaupt nicht danach ist, sprechen Sie mit mehreren Anbietern, und versuchen Sie, jemanden zu finden, der Ihnen einigermaßen sympathisch ist. Das erleichtert die bevorstehende Planung erheblich. Gute Bestatter versuchen, den notwendigen Ablauf an die Wünsche der Hinterbliebenen anzupassen – und machen aktiv Vorschläge, was beim Abschiednehmen helfen könnte.

# Wie lange dauert Trauer?

Früher sagte man, Trauer dauere sechs bis zwölf Monate. Inzwischen weiß man, dass Trauer uns ein Leben lang begleitet. Wie lange die erste, oft sehr intensive Trauerphase anhält, ist von Mensch zu Mensch verschieden. Es ist gut, zu trauern, statt die Trauer zu unterdrücken. Andererseits gibt es auch keine richtige Art und keinen richtigen Zeitpunkt, zu trauern.

Die meisten Menschen können ihre Trauer aus eigener Kraft mit der Zeit selbstständig verarbeiten. Wie lange das dauert, lässt sich nicht vorhersagen.

Oft kehrt die Trauer zu bestimmten Ereignissen zurück, weil die verstorbene Person dann besonders fehlt.

Einen Todesfall und die Gefühle, die Trauernde haben, kann man sich vorstellen wie einen Messerstich in den Oberschenkel: Zuerst reagiert man mit Schock und ist fassungslos, dass so etwas überhaupt passieren kann. Eventuell spürt man in den ersten Momenten gar nichts. Dann realisiert man, dass ein Messer im Oberschenkel steckt, und macht sich daran, die Wunde zu versorgen. Manche Menschen schaffen das alleine, andere brauchen dabei Hilfe. Nach einiger Zeit wächst die Wunde zu, und man denkt immer weniger sie. In einem unbedachten Moment aber kann es passieren, dass man mit dem Oberschenkel an eine Tischkante stößt und die Narbe eventuell wieder aufreißt. Ereignisse wie Schulwechsel, Umzug, der erste Freund oder die erste Freundin, Schulabschluss, Ausbildungsabschluss, Eheschließung, Familiengründung, aber auch Jahrestage oder Feste wie Weihnachten sind genau solche Tischkanten, die Trauernde schmerzlich an ihre Wunde erinnern. Verschwinden wird die Narbe nie so richtig, aber man gewöhnt sich an sie, sie ist zu einem Teil von einem selbst geworden.

# Trauern Kinder (und Jugendliche) anders als Erwachsene?

Ja. Kinder bis etwa zwölf Jahre können tief in die Trauer eintauchen und Sekunden später wieder spielen gehen. Man nennt das »Pfützentrauern«: Sie springen in die Pfütze hinein und wieder heraus. Hinein und heraus. Für Erwachsene kann das sehr befremdlich sein. Doch für Kinder ist auch dies eine Art der Trauerbewältigung und ganz normal.

Jugendliche stellen die eigene Trauer oft zurück, bis ihre Bezugspersonen selbst wieder (einigermaßen) stabil sind. Zudem müssen und wollen sie oft zum Beispiel in der Schule weiterhin »funktionieren«, weil sie sonst noch ein stabilisierendes System verlieren würden. Ihre Trauer ist daher manchmal schwer erkennbar. Viele von ihnen sorgen recht gut für sich, gehen also zum Beispiel trotz Trauer auf eine »wichtige« Party, um sich abzulenken und wieder Kraft zu sammeln. Unterstützen Sie das, statt es zu kritisieren, weil es vermeintlichen Konventionen nicht entspricht.

Wenn es Ihnen gelingt, die eigene Trauer nicht zu verdrängen, »erlaubt« das auch Kindern und Jugendlichen, (auf deren Weise) zu trauern!

# Wie unterstütze ich eine trauernde Familie?

Übernehmen Sie konkret nützliche Alltagsaufgaben. Kochen Sie Mahlzeiten, lesen Sie kleineren Kindern vor. Bieten Sie an, die Kinder zum Musikunterricht oder zum Sport zu fahren. Helfen Sie, dass das Leben nicht völlig aus der Balance gerät.

Sie können von dem oder der Verstobenen erzählen oder sich von ihm oder ihr erzählen lassen, statt sie »totzuschweigen«.

# Darf man in der Trauerzeit auch Spaß haben?

Ja! Man kann weinen, lachen und alles dazwischen. Denn der Tod gehört zum Leben. Für alle Menschen. Lachen und Freude helfen, Stress abzubauen. Sich gemeinsam an verrückte oder alberne Momente zu erinnern, die man mit dem verstorbenen Menschen hatte, verbindet zudem.

Auch auf Partys zu gehen oder zum Sport oder zum Karneval ist vollkommen in Ordnung. Selbst wenn ein wichtiger Mensch gestorben ist, geht das Leben der Hinterbliebenen weiter – mit allen Facetten.

# Wohin ist der Tote verschwunden? Gibt es eine Seele?

Ich weiß nicht, ob es eine Seele gibt oder ein Leben nach dem Tod. Widersprechen Sie derartigen (Wunsch-)Vorstellungen nicht. Drängen Sie sie aber auch niemandem auf. Also nicht sagen: »Opa ist jetzt an einem besseren Ort, im Himmel bei Gott.« Vor allem dann nicht, wenn Religiosität nie ein großes Thema in der Familie war.

Ein schönes Bild, das von vielen Trauerbegleitern verwendet wird: Körper und Seele (oder Persönlichkeit) sind wie Handschuh und Hand. Wenn jemand stirbt, ist es, als würde man die Hand aus dem Handschuh herausziehen. Übrig bleibt die leblose äußere Hülle.

## Wohin ist die Leiche verschwunden? Was passiert nach dem Tod?

Die Leiche wird vom Beerdigungsunternehmen abgeholt und bis zur Bestattung gekühlt gelagert. Zur Trauerfeier wird sie sorgfältig gekleidet und zurechtgemacht. Dann wird sie in einen Sarg gelegt. Bei einer Erdbestattung ist es häufig möglich, den Toten noch einmal zu sehen, bevor der Sarg zum Grab getragen wird. Bei einer Feuerbestattung werden Sarg und Leiche bei sehr hohen Temperaturen verbrannt, anschließend wird die Asche in eine Urne gefüllt.

# Wie schnell sollten Kinder nach einem Todesfall wieder in den Kindergarten oder zur Schule gehen?

Kindergarten oder Schule sind stabilisierende Systeme für Kinder und Jugendliche. Sie sollten in tiefer Trauer nicht gezwungen werden, dorthinzugehen. Aber sobald sie sich dazu wieder in der Lage sehen, ist es ein guter Zeitpunkt. Wenn möglich, sollten die Erzieher oder (Klassen-)Lehrer von den Eltern (oder Verwandten, guten Freunden) informiert werden über die Art des Trauerfalls (Hund ist schlimm, Vater ist schlimmer) und über eventuelle schwierige Umstände (Unfall, Suizid).

# Darf ich mich von meinem Kind trösten lassen?

Selbstverständlich können Sie mit Ihrem Kind gemeinsam trauern. Also weinen, Schmerz aushalten, vom Verstorbenen erzählen, einander umarmen und Ähnliches. Dabei spenden Sie sich gegenseitig Trost.

Sie sollten ein Kind oder einen Jugendlichen nicht dauerhaft die Rolle eines Erwachsenen einnehmen lassen, weder emotional (trösten, Familiensystem stabilisieren) noch sachlich (Wocheneinkauf, Haushalt, gegebenenfalls Betreuung jüngerer Geschwister). Eine solche »Parentifizierung« (die Übernahme eigentlich elterlicher Aufgaben) stört die natürliche psychosoziale Entwicklung.

# Darf ich vor (m)einem Kind traurig sein und weinen?

Ja. Es ist für Kinder eher verwirrend, wenn Sie keine Trauer zu erleben scheinen. Dennoch bleiben Sie der Elternteil (und wenn Sie das nicht so sähen, würden Sie jetzt auch nicht dieses Buch lesen). Das heißt, Ihre Aufgabe besteht zum Beispiel darin, Hilfe und Unterstützung zu organisieren.

Sie müssen nicht tapfer tun – Ihr Kind darf gern mitbekommen, dass Sie trauern. Es sollte nur nicht den Eindruck bekommen, dass es Ihren Schmerz lindern muss.

## Wo kann man sich Hilfe holen?

Bei Trauerbegleitern oder Therapeuten. Ein guter erster Ansprechpartner kann auch die Hausärztin oder der Hausarzt sein. Trauerbegleiter und -gruppen finden Sie zum Beispiel über bv-trauerbegleitung.de/, Therapeuten über www.psychotherapiesuche.de/

oder über die Hotline Ihrer Krankenkasse. Auch manche Kirchen bieten (konfessionelle) Hilfen.

Trauer gehört zum Leben. Wir fühlen uns von ihr häufig überfordert, weil wir den Umgang mit Trauer nicht gewohnt sind. Die allermeisten Menschen – Kinder, Jugendliche und Erwachsene – sind in der Lage, ihre Trauer mit der Zeit selbstständig zu bewältigen. Es ist besser, das zu unterstützen, als die Trauer zu pathologisieren, also als krankhaft anzusehen und möglichst schnell »behandeln« zu lassen.

# Was sage ich beim Begräbnis (im Aufzug, im Supermarkt) zu den Trauernden?

»Es tut mir sehr leid, dass XYZ gestorben ist.«

»Ich bin ganz sprachlos, das ist für mich noch unfassbar.«

»Mir fehlen die Worte für das, was ich euch gern sagen würde.«

Sie können auch an ein Erlebnis mit dem oder der Verstorbenen erinnern: »Es tut mir so leid, dass XYZ gestorben ist. Ich weiß noch, wie wir letzten Sommer bei euch im Garten saßen und Pizza gegessen haben.« Die meisten Trauernden empfinden es als Erleichterung, dass die Verstorbenen, die sie so vermissen, auch anderen in guter Erinnerung bleiben.

Menschen, die Sie kennen und auch sonst berühren, können Sie in einem solchen Moment auch fest die Hand reichen oder sie umarmen. Achten Sie darauf, ob dieses Angebot willkommen ist. Die einfache Frage »Darf ich dich kurz umarmen?« reicht meist schon, um das zu klären.

Es gibt Menschen, die regelrecht Panik davor haben, dass

sie andere zum Weinen bringen. Haben Sie keine Angst. Es ist doch besser, dass Tränen fließen, als dass Sie den Tod ignorieren und so tun, als wäre nichts passiert.

# Was ist der Tod? Ab wann ist man tot?

Wenn jemand tot ist, schlägt das Herz nicht mehr, das Blut wird nicht mehr durch den Körper gepumpt, und das Hirn funktioniert auch nicht mehr. Die Haut kühlt ab, und nach einiger Zeit wird der Körper starr. Das nennt man »Totenstarre«.

Wer tot ist, kann nicht mehr denken und nichts mehr spüren.

Wenn jemand gestorben ist, muss eine Ärztin oder ein Arzt den Tod bestätigen. Dafür wird ganz genau überprüft, ob das Herz nicht doch noch schlägt, ob der Körper Reflexe zeigt und wie die Augen auf Licht reagieren. Erst wenn die Ärztin oder der Arzt ganz sicher ist, wird der Totenschein ausgestellt. Bei Zweifeln werden sicherheitshalber Kollegen gefragt.

Es gibt besondere Fälle, in denen das Herz von Maschinen noch am Schlagen gehalten wird, aber das Gehirn funktioniert nicht mehr und wird auch nie wieder funktionieren können.

Das ist zum Beispiel nach manchen schweren Unfällen so. Man nennt das einen »Hirntod«. Der muss immer von zwei Ärzten unabhängig voneinander bestätigt werden, bevor die Maschinen abgeschaltet werden dürfen.

# Was passiert mit dem Körper, wenn man gestorben ist? Kann er noch fühlen oder hören?

Wer tot ist, kann weder denken noch fühlen, kann weder hören noch sehen. Das Gehirn funktioniert nicht mehr, also können keine Reize mehr verarbeitet werden. Auch kein Schmerz. Wenn das Herz aufgehört hat zu schlagen, fangen die Zellen im Körper recht schnell an, zu zerfallen. Nach vierundzwanzig bis achtundvierzig Stunden muss ein Toter gekühlt werden, sonst setzt die Verwesung ein.

Nach dem Tod und auch noch bei der Beerdigung ist es möglich und völlig ungefährlich, den toten Menschen zu berühren, zu umarmen oder auch zu küssen. Er kann das nicht mehr spüren, aber den Hinterbliebenen kann es sehr guttun!

# Woher weiß man, dass jemand nicht mehr lebt? Wie sieht ein toter Mensch aus?

Wenn jemand gestorben ist, verändert sich oft der Gesichtsausdruck. Er wirkt meist friedlich und fast wie eine Puppe. Außerdem reagiert die Person nicht mehr auf äußere Reize wie Stimmen oder Berührungen, sie atmet nicht mehr, und das Herz schlägt nicht mehr, deshalb kann man auch keinen Puls ertasten. Eine Ärztin oder ein Arzt überprüft noch viele andere Dinge, um sicherzugehen, dass niemand aus Versehen für tot erklärt wird.

Der Körper eines toten Menschen kühlt recht schnell ab. Es ist aber dennoch völlig ungefährlich, ihn zu berühren. Ein toter Mensch sieht nicht viel anders aus als ein lebendiger, der friedlich schläft.

Körper und Seele (oder Persönlichkeit) sind wie Handschuh und Hand. Wenn jemand stirbt, ist es so, als würde man die Hand aus dem Handschuh herausziehen. Übrig bleibt die leblose äußere Hülle.

# Tut Sterben weh?

Die meisten Toten haben einen sehr friedlichen, manchmal sogar fast glücklichen Gesichtsausdruck. Deshalb geht man davon aus, dass ein sogenannter natürlicher Tod (also vor allem durch ein hohes Alter) keine Schmerzen verursacht. Der Schmerz von Krankheiten endet mit dem Tod. Unfälle, Morde und Selbsttötungen bringen wohl Schmerz mit sich, meist aber nur für sehr kurze Zeit. Tote haben keine schmerzverzerrten Gesichter. Denn sobald ein Mensch nicht mehr lebt, erschlaffen die Muskeln – auch die im Gesicht.

# Was und wie viel kann man Kindern sagen? Wie viel Wahrheit vertragen Kinder?

Die Wahrheit ist immer besser für Kinder und Jugendliche. Lügen bringt niemanden weiter. Denn erstens kommt die Wahrheit meist später trotzdem heraus, und zweitens spüren Menschen Lügen fast immer – vor allem in einer Familie. Beides kann zu Vertrauensverlusten führen. Man sollte junge Menschen aber nicht mit Informationen zuschütten. Details können Sie später, bei Interesse, nachliefern.

Das bedeutet: Beantworten Sie die gestellten Fragen, so gut Sie können. Das hilft Kindern und Jugendlichen, sich Schritt für Schritt der veränderten Wirklichkeit anzunähern und sie akzeptieren zu lernen. Erzählen Sie jedoch nicht ungefragt noch alles mögliche andere, sondern bleiben Sie beim Thema. (Faustregel: Fassen Sie sich kurz, ohne dabei einer Antwort auszuweichen.) Kinder und Jugendliche haben ein gutes Gespür dafür, wie viel sie gerade verarbeiten können. Möchten sie mehr wissen, werden sie (später) nachfragen.

# Warum gibt es den Leichenschmaus?

Nach der Beerdigung treffen sich die Gäste oft in einem Restaurant oder bei jemand zu Hause zum »Leichenschmaus«. Keine Angst, da gibt es weder Leichen zu essen, noch kommen Leichen zum Essen. Trotz des etwas merkwürdigen Namens kann dieses Essen eine Gelegenheit sein, noch einmal gemeinsam an die schönen – und vielleicht auch die schwierigen – Zeiten mit dem oder der Verstorbenen zu denken. Es ist ein bisschen wie eine Geburtstagsfeier, nur umgekehrt. Vorher haben viele Menschen Angst vor dem Ritual, sie glauben, sie würden gar keinen Appetit haben, und fragen sich, wie überhaupt irgendjemand in einem so traurigen Moment an Essen denken kann. Hinterher sind sie dann ganz erstaunt, dass die vielen Gefühle doch ganz schön anstrengend sind und hungrig machen können. Es kann guttun, mit anderen Menschen zu reden und zusammen zu sein, die den Toten oder die Tote ebenfalls kannten und vermissen.

Das Verhältnis zu diesem Ritual hängt auch stark vom Alter der Trauernden ab. Ich weiß noch, dass ich den Leichenschmaus für meinen Vater ganz fürchterlich fand. Ich war fünfzehn und hatte das Gefühl, dass alle Erwachsenen falsch wären. Jetzt bin ich älter und sehe dieses Ritual mit anderen Augen. Auch da: Seien Sie milde, wenn sich Teenager nicht an irgendwelche Konventionen halten wollen.

## Warum tragen so viele Leute Schwarz, wenn sie trauern?

In unserer Kultur ist Schwarz die Symbolfarbe für Tod und Trauer (in anderen Gesellschaften ist es Weiß). Schwarz galt früher als seltene und besonders aufwendige Farbe für von Natur aus helle Baumwollstoffe. Schwarze Kleidung sollte anderen Menschen signalisieren: Ich »funktioniere« noch nicht wieder wie sonst, bitte nehmt Rücksicht. Zugleich ist die schwarze Kleidung eine Möglichkeit, auch für sich selbst dem »dunklen« Gefühl Ausdruck zu geben. Aber niemand ist verpflichtet, auf Beerdigungen oder nach einem Todesfall Schwarz zu tragen. Wenn Kinder oder Jugendliche dies zum Beispiel heftig ablehnen, sollten Sie es zulassen.

# Die Traueraufgaben und ihre Bewältigung

Bis vor Kurzem ging man davon aus, dass Trauer in fünf Phasen abliefe:

1. Leugnen
2. Zorn
3. Verhandeln
4. Depression
5. Akzeptanz

Heute spricht man von Traueraufgaben, und man weiß, dass Trauer nicht bei jedem Menschen in einer bestimmten Reihenfolge und Zeit abläuft. Die Traueraufgaben sind:

1. Die Wirklichkeit des Todes und des Verlusts begreifen.
2. Die Vielfalt der Gefühle durchleben.
3. Veränderungen in der Umwelt wahrnehmen und gestalten.
4. Der oder dem Toten einen neuen Platz zuweisen

Diese Aufgaben können dabei helfen, Trauernde (auch uns selbst) besser zu verstehen und das Trauern als »normaler« zu empfinden – was es ja ist. Sie müssen keineswegs in der genannten Reihenfolge abgearbeitet werden.

Erfahrene Trauerbegleiter weisen darauf hin, dass die Trauer uns wahrscheinlich lebenslang begleiten wird, mal mehr, mal weniger. Wir können jedoch lernen und üben, den Schmerz zu lindern.

# Kann man beim Trauern etwas falsch machen?

Nein. Lange dachte man, Trauer solle nach etwa sechs bis zwölf Monaten abgeschlossen sein, alles darüber hinaus galt als therapiebedürftig. Heute weiß man: Jeder Mensch trauert anders. Einige leiden sichtbar, andere »funktionieren« wie gewohnt. Manche tragen Schwarz, andere feiern. Manche Menschen fühlen sich wie taub, andere extrem empfindlich. Manche haben Hunger, andere nicht. Die meisten wechseln zwischen verschiedenen Arten, mit Schmerz und Trauer umzugehen. Trauer ist unangenehm, aber ganz natürlich und normal. Den meisten Menschen gelingt es, selbstständig ihre Trauer zu be- und verarbeiten.

Manchmal sind die Vorgeschichte oder die Umstände so schwierig, dass professionelle Hilfe sinnvoll ist. Auch das ist subjektiv. Wenn *Sie* gern Unterstützung hätten, dann nehmen Sie diese unbedingt in Anspruch. Es hilft sehr, mit Menschen zu sprechen, die sich mit Trauersituationen auskennen. Infos erhalten Sie zum Beispiel unter bv-trauerbegleitung.de/ oder unter www.psychotherapiesuche.de/.

## Was ist die Totenruhe? Wie kann man Tote stören?

Die »Totenruhe« ist ein Begriff aus dem Gesetzbuch. Niemand darf Gräber beschädigen, beschmieren oder Leichen wieder ausgraben. Und man darf einen Toten auch nicht öffentlich schlechter darstellen, als er war, also zum Beispiel in den sozialen Medien verspotten. Bei Vorsatz – sprich, wenn man das absichtlich macht – gibt es eine Geldstrafe oder sogar bis zu drei Jahre Haft.

Der Begriff ist allerdings etwas unglücklich gewählt. Denn wirklich »stören« kann man Tote natürlich nicht. Sie sind ja tot und bekommen vermutlich nichts mehr mit. Gestört fühlen sich die Hinterbliebenen.

# Was kommt nach dem Tod?

Niemand weiß das. Menschen, die Nahtoderfahrungen gemacht haben, die also fast tot waren, dann aber doch überlebt haben, berichten manchmal von einem friedlichen Gefühl oder einem Licht, auf das sie zuschwebten. Kaum jemand berichtet nach einer Nahtoderfahrung über unangenehme Gefühle. Es ist allerdings umstritten, wie es zu solchen Eindrücken kommt und wie glaubwürdig sie sind.

# Warum töten sich manche Menschen selbst?

Weil sie so unglücklich oder verzweifelt sind, dass sie nicht mehr weiterleben möchten. Das kann an einer schweren körperlichen Krankheit liegen, von der man weiß, dass sie immer schlimmer werden wird. Anders als zum Beispiel bei einem gebrochenen Bein kann man eine psychische Erkrankung nicht so leicht erkennen. Der Mensch wirkt gesund, und doch ist seine Psyche – oder seine Seele – krank. Die Gedanken können so traurig, schwer und dunkel sein, dass der Tod als einziger Ausweg erscheint.

Manche Trauernde sind so traurig über den Tod ihres geliebten Menschen, dass sie selbst sterben möchten. Auch das kann ein Teil von Trauer sein. Wenn diese Gedanken aber nicht von alleine schwächer werden, sollten Sie sich Hilfe holen unter 0800-1110111 (Telefonseelsorge, anonym und kostenlos aus allen Netzen, Mail- und Chatberatung unter www.telefonseelsorge.de).

Weitere Hilfsangebote finden Sie zum Beispiel unter

www.irrsinnig-menschlich.de/hilfe/suizid/ oder www.suizid-prophylaxe.de/hilfsangebote/adressen/ (hier werden auch für alle Bundesländer regionale Hilfsangebote genannt). Unter der ebenfalls kostenlosen Nummer 0800-1110333 sind Beratungseinrichtungen speziell für Kinder und Jugendliche erreichbar.

Zu den Hinweisen, dass die Hilfe von Profis in Anspruch genommen werden sollte, gehören unter anderem Ritzen und weitere Formen der Selbstverletzung, regelmäßiger intensiver Konsum von Alkohol und Drogen sowie nicht aufhören wollende Suizidgedanken. Betroffene Jugendliche machen dies selten von sich aus öffentlich, deswegen ist es für sie entlastend, wenn Erwachsene ihnen vorsichtshalber diese Info geben.

## Was geschieht im Krematorium? Wenn ein Mensch eingeäschert wird, ist dann der ganze Körper in der Urne?

Eine Leiche wird vom Bestatter nach Wunsch der Angehörigen gekleidet und vorsichtig in den Sarg gelegt. Haben sich die Angehörigen für eine Feuerbestattung oder Urnenbestattung entschieden, wird auf einem feuerfesten Stein eine Nummer in den Sarg gelegt, damit die Asche nicht verwechselt wird. Jeder Sarg wird dann einzeln bei sehr hohen Temperaturen (circa tausend Grad Celsius) verbrannt. Das dauert meist knapp zwei Stunden. Es bleiben etwa zwei bis drei Kilogramm Asche übrig. Diese wird vollständig in die Urne gefüllt.

# Was muss man alles machen, wenn ein Mensch gestorben ist?

Wer den Toten findet, muss einen Arzt rufen. Das kann der Hausarzt sein oder der Notarzt unter der Notrufnummer 112. Der Arzt stellt den Tod dann amtlich fest. Es ist sinnvoll, möglichst schnell Verwandte oder enge Freunde zu verständigen und um Unterstützung zu bitten. Nach vierundzwanzig bis achtundvierzig Stunden muss der oder die Tote von einem Bestatter abgeholt werden. Diesen kann man frei wählen. Der Bestatter oder die Bestatterin weiß, bis wann das Begräbnis oder die Einäscherung erfolgen muss. Er oder sie kann auch dabei helfen, zu entscheiden, wie man von dem Toten Abschied nimmt. Versuchen Sie, jemanden zu finden, der Ihnen sympathisch ist und Sie zu nichts drängt. Erst nach der Bestattung geht es richtig los mit dem Papierkram: Sterbeurkunde, Erbschein, Testament, Kündigungen von Verträgen und so weiter. All das kann in den ersten Tagen nach dem Tod warten.

Manche Menschen, egal ob Erwachsene, Kinder oder Jugendliche, möchten weiter zur Arbeit, in die Schule oder in den Kindergarten gehen. Das gibt ihnen Halt. Andere nicht. Beides ist in Ordnung.

# Darf man etwas in den Sarg mit hineinlegen?

Ja, fast alles: Briefe, Bilder, Kuscheltiere, Andenken. Das tut gut. Nur bestimmte Gefahrenstoffe sind ausgeschlossen. Im Zweifel den Bestatter oder die Bestatterin fragen. Auch den Sarg selbst können die Angehörigen bemalen, wenn sie möchten.

## Was kann man gegen das Vergessen tun? Was kann man tun, damit man seine Mutter oder seinen Vater auch nach Jahren nicht vergisst?

Zu den Traueraufgaben gehört auch, eine neue Art der Verbundenheit zu dem oder der Toten zu entwickeln. Es kann helfen, ein Bild aufzustellen oder aufzuhängen, an wichtigen Tagen wie Geburtstag oder Todestag eine Kerze anzuzünden, an einen Ort zu gehen, den man gern gemeinsam aufgesucht hat. Videos oder Tonaufnahmen anzusehen oder anzuhören tut manchmal sehr weh, aber zugleich auch sehr gut. In einem kleinen Koffer oder einer kleinen Kiste kann man Andenken sammeln – Briefe, Eintrittskarten, ausgewählte Kleidungsstücke –, die an den Verstorbenen oder die Verstorbene erinnern. Zugleich sollte niemand zu streng mit sich sein – es ist ganz normal, dass Erinnerungen mit der Zeit verblassen. Das bedeutet jedoch nicht, dass sie völlig verschwinden oder dass man die Mutter oder den Vater weniger liebt.

# Darf ich lachen, auch wenn ich eigentlich trauern sollte?

Ja. Es gibt keine Vorschrift, wie man »richtig« trauern sollte. Jeder Mensch trauert anders. Trauer geht nicht schneller vorbei, wenn man sie intensiver oder ohne Unterbrechung empfindet. Es ist wichtig, auf sich zu achten, Pausen zu machen, auch mal abzuschalten oder sogar etwas zu genießen. Dann kommt schnell das schlechte Gewissen, aber zu Unrecht. Gefühle wechseln sich immer wieder ab, auf Trauer folgt Langeweile folgt Lachen folgt Erschrecken folgt Trauer folgt Ärger folgt … Das ist gesund und normal. Genau auf diese Weise lernen wir, die Trauer ins Leben zu integrieren.

# Bin ich schuld am Tod?

Nein! Wie denn? In der Trauer fragen sich viele Menschen: »Was habe ich nur falsch gemacht, dass XYZ sterben musste?« Die Antwort ist: nichts. Wir alle müssen sterben, und niemand weiß vorher genau, wann das passiert. Es ist manchmal sehr schwierig, damit umzugehen, und zusätzliche Schuldgefühle sind nicht nötig.

# Ich wollte noch so viel sagen …

Manchmal haben wir die Gelegenheit, uns auf den Tod eines geliebten Menschen (oder Tiers) vorzubereiten. Vor allem, wenn derjenige oder diejenige sehr alt oder sehr krank ist. Meistens aber kommt der Tod überraschend. Das ist normal. Und deshalb ist es auch normal, dass wir eigentlich noch ganz viel hätten sagen wollen oder können. In einem solchen Fall kann es helfen, einen Brief oder ein Bild in den Sarg zu legen.

# Wir haben uns gestritten ...

Weil Menschen oft unerwartet sterben, kann es passieren, dass man sich direkt zuvor gestritten hat. Das ist nicht nur für Kinder und Jugendliche sehr schwierig zu bearbeiten. Trauerbegleiter oder Therapeuten können dabei helfen. Das Ziel besteht darin, zu erkennen, dass es ganz normal ist, sich auch mal zu streiten, gerade unter Familienmitgliedern. Man kann sich ganz einfach nicht immer so verhalten, als würde im nächsten Moment die Welt stehen bleiben. Obwohl sie genau das manchmal tut.

Wichtig: Ein Streit ist niemals die Ursache für einen Todesfall. Nicht einmal bei Suizid. Das Kind oder der Jugendliche hätte den Tod nicht aufhalten können mit besserem Benehmen zum Beispiel. So funktioniert Sterben ganz einfach nicht.

# Was fast alle tun, wir aber nicht tun sollten, wenn jemand gestorben ist

## VERSTUMMEN

Uns fehlen die Worte. Wir wissen nicht, was wir sagen sollen. Alles, was uns einfällt, hört sich im Geiste dumm, hohl und oberflächlich an. Also sagen wir: nichts. Wir schauen weg, meiden die Angehörigen und hoffen, dass bald wieder alles normal sein wird. Das ist sehr menschlich, aber auch sehr schade, denn so verlieren die Betroffenen nicht nur einen Menschen, den sie sehr geliebt haben (oder ein geliebtes Haustier – die Trauer um ein Tier ist bei Kindern und Jugendlichen oft um ein Vielfaches intensiver, als Erwachsene erwarten und für angemessen halten). Sondern sie verlieren auch noch ihr soziales Umfeld.

Das gilt für Erwachsene ebenso wie für Kinder und Jugendliche.

Dabei wollen Trauernde nicht in Watte gepackt werden. Sie wissen selbst, dass die Situation total schwierig ist. Deshalb können Sie zum Beispiel sagen: »Ich weiß gar nicht, was ich sagen soll. Es tut mir sehr leid, dass XYZ gestorben ist.« Wenn Sie dem Kind, Jugendlichen oder Erwachsenen dabei noch in die Augen schauen – super!

## RELATIVIEREN

»Sie war ja schon alt«, »Bestimmt ist es besser so«, »Gott sei Dank hast du noch deine Mutter/deinen Vater«, »Vielleicht besorgt ihr bald ein neues Kaninchen«.

Alles Quatsch. Tod macht todtraurig. Mit solchen Sätzen wollen wir nur unsere eigene Angst vor dem Tod kleiner reden. Das ist verständlich, hilft aber niemandem. Deshalb: Möglichst einfach weglassen!

## TRÖSTEN

Trauernde wollen meistens gar nicht getröstet werden. Sie wollen trauern, und sie wollen auch trauern dürfen. »Bald wird es besser«, »Nun wein mal nicht«, »Wenigstens hattet ihr ein paar schöne Jahre« … All das tröstet überhaupt nicht.

Trösten ist auch gar nicht nötig. Was Trauernden – auch Kindern und Jugendlichen – hilft, ist, wenn sie traurig sein dürfen. Wenn Sie das aushalten und zulassen können, ist das sehr hilfreich. Faustregel: Zuhören ist das neue Trösten!

## ZURECHTWEISEN UND BESSERWISSEN

»Reiß dich doch mal zusammen«, »So schlimm kann es doch gar nicht sein«, »Du musst ihn/sie/es loslassen!«, »Du musst auch mal wieder lachen!« Oder auch umgekehrt: »Was ist mit dir los? Musst du eigentlich gar nicht weinen?«, »Anderen Kindern geht es noch schlechter«, »Ich weiß genau, wie du dich fühlst!«

Bringt alles nichts, wissen Trauerforscher inzwischen. Solche Sätze lassen die Trauernden bloß wissen: Deine intensiven Gefühle machen mir Angst. Du sollst sie nicht zeigen. Das verstehen sogar kleine Kinder schon, wenn versucht wird, ihre Trauer durch Ablenkung wegzuschieben.

## ABSPEISEN

»Dafür bist du noch zu klein«, »Das verstehst du später«, »Das geht dich nichts an, das ist ein Thema für die Großen« – wir glauben, die Kinder auf diese Weise schützen zu können. Nur: Erstens schützt es sie gar nicht, sondern demütigt sie bloß. Zweitens: Sie lernen so, dass sie nicht fragen sollen, ziehen sich zurück und verstummen. Drittens: Bleiben Fragen unbeantwortet, entstehen Fantasieantworten, und die sind häufig belastender als die Wahrheit. Viertens: In Wahrheit versuchen wir gar nicht, die Kinder und Jugendlichen zu schützen, sondern uns selbst – vor dem Gefühl, überfordert zu sein, nicht mehr weiterzuwissen, nicht noch mehr Schmerz mit ansehen zu müssen. Das ist auch schwierig. Aber hinzukriegen.

## UNSPEZIFISCHE ANGEBOTE

Sie möchten wirklich gern helfen, wissen aber nicht, wie. Also sagen Sie: »Wenn du Hilfe brauchst, sag Bescheid«, »Wenn ich etwas für euch tun kann, ruft an«, »Wenn du mit jemand reden möchtest, bin ich für dich da.«

Doch trauernde Menschen sind überfordert. Sie können nicht entscheiden, welche Hilfe sie benötigen. Deshalb melden sie sich nicht, nehmen das Angebot nicht in Anspruch. Und das ist uns – insgeheim – vielleicht auch ganz recht. Denn Trauer ist schwer auszuhalten, und wir sind es auch kaum gewöhnt.

Sie müssen keine Hilfsangebote machen. Sie können auch einfach Ihr Beileid aussprechen (»Es tut mir sehr leid, dass XYZ gestorben ist. Das ist sicher sehr traurig für dich.«).

Wenn Sie Kindern helfen möchten, machen Sie den Eltern oder dem Elternteil konkrete Angebote! Übernehmen Sie Aufgaben, die erledigt werden müssen, um einen möglichst regelmäßigen Alltag aufrechtzuerhalten. Sie können zum Beispiel Mahlzeiten kochen, den Hund ausführen, die Kinder zum Training fahren, einkaufen, bei den Hausaufgaben helfen, mit den Kindern basteln, mit den Eltern einen Tee trinken, vorlesen.

## MITLEID STATT MITGEFÜHL

Mitleid entstammt dem Gedanken: »Du arme Sau! Aber was für ein Glück, dass ich nicht betroffen bin!«

Mitgefühl entstammt dem Gedanken: »Du arme Sau! Ich weiß nicht, wie du dich fühlst, aber es ist bestimmt verdammt schwierig.«

Mitleid bringt ein Gefälle mit sich: du da unten, ich hier oben. Die Trauernden werden stigmatisiert: »Der arme Junge, sein Vater ist gerade gestorben, kein Wunder, dass niemand mit ihm spielen will.«

Mitgefühl gelingt nur auf Augenhöhe, in menschlicher Verbundenheit. Die Trauernden bleiben in der Gemeinschaft: »Es tut mir sehr leid, dass dein Vater gestorben ist. Möchtest du mir von ihm erzählen?«

# TEIL 2
## INFORMATIONEN FÜR KONKRETE BEZIEHUNGSSITUATIONEN

Auf den nächsten Seiten geht es um einige der schlimmsten und schwierigsten Situationen, die für Kinder entstehen können: den Tod eines Familienmitglieds, eines Freundes, eines Verwandten oder eines Lieblingstiers.

Einerseits wollen wir unsere Kinder auf das Leben vorbereiten. Andererseits trauen wir ihnen nicht zu, mit dem Tod umzugehen. Vermutlich, weil wir das selbst nicht gut hinkriegen. Und wie so oft verwirrt es uns, wenn Gefühle bei Kindern und Jugendlichen ganz anders zum Ausdruck kommen als bei uns.

Dieses Buch ist für den Notfall konzipiert. Vermutlich haben Sie es gekauft oder zur Hand genommen, weil Sie ein Kind kennen, das trauert. In den folgenden Abschnitten wiederholen sich manche Informationen. Das ist Absicht, denn so sind sie leichter auffindbar. Sie müssen nur die Seiten lesen, die auf Ihre Situation zutreffen.

Vermutlich sind auch Sie mehr oder weniger von dem Todesfall betroffen. Entweder trauern Sie selbst, weil der oder die Verstorbene Ihnen ebenfalls nahestand. Oder Sie können die bodenlose Trauer des Kindes kaum nachvollziehen, weil der Todesfall aus Ihrer Sicht »nicht so schlimm« war – vielleicht ist ein sehr alter Mensch gestorben oder ein Haustier. Oder Sie sind offiziell gar nicht selbst betroffen, weil Sie ein Freund sind, eine entfernte Verwandte, eine Lehrerin oder eine Betreuungsperson, aber »irgendwie« geht es Ihnen dann doch nahe. So oder so bleibt Ihnen nichts anderes übrig, als sich mit dem eigenen Verhältnis zu Tod und Trauer sowie dem konkreten Todesfall auseinanderzusetzen. Auch hierzu finden Sie jeweils entsprechende Hinweise. Bitte beachten Sie jedoch: Dieses Buch handelt in erster Linie davon, wie Erwachsene Kinder in ihrer Trauer begleiten und unterstützen können. Es ist also gut möglich, dass Sie selbst weitere Hilfe, Unterstützung oder Informationen benötigen.

Jeder Trauerfall, jede Familie, jedes Kind ist anders. Sogar dasselbe Kind reagiert anders, je nachdem, wie alt es ist. Deshalb benötigen Kinder je nach Entwicklungsstufe und Alter eine entsprechende Unterstützung. In der folgenden Tabelle finden Sie eine Übersicht der möglichen Todesfälle im nahen familiären Umfeld sowie des Alters des betroffenen Kindes mit dem Verweis auf die jeweiligen Informationen. Gibt es in der Familie mehrere Kinder, lesen Sie am besten alle nötigen Abschnitte. Ist das Alter der Kinder in einem Grenzbereich (zum Beispiel Beginn Kindergarten, Ende Grundschulzeit oder Übergang zur Pubertät), lesen Sie gern beide Abschnitte. Manche Hinweise doppeln sich dann, aber nur so können Sie informiert entscheiden, welche Unterstützung Sie den betroffenen Kindern oder Jugendlichen anbieten.

Dieses Buch wendet sich in erster Linie an Eltern bzw. an den überlebenden Elternteil sowie an enge Verwandte und Freunde der Familie. Auch Lehrer und Lehrerinnen und alle anderen, die mit den Kindern in Kontakt stehen, werden hier hilfreiche Informationen finden. Damit der Text besser lesbar bleibt, haben wir uns entschieden, auf Ihren gesunden Menschenverstand zu vertrauen: Wählen Sie aus, was zu Ihnen und den Kindern passt! Es geht darum, dass Sie in einer schwierigen Zeit möglichst schnell konkrete Hilfestellung erhalten, um Ihre Kinder – egal, ob sie mit Ihnen verwandt sind oder nicht – in der Trauer zu unterstützen und zu begleiten.

Informationen zu ungewöhnlichen Todesursachen (Unfall, Suizid, Verbrechen) finden Sie ab S. 168.

Informationen zum Tod durch lang andauernde Erkrankungen – auch dann, wenn er noch nicht eingetroffen ist – finden Sie ab S. 173.

| Wer ist gestorben? / Wie alt ist das Kind? | Ein Elternteil | Beide Eltern | Oma, Opa, Tante, Onkel | Geschwisterkind | Bekannter oder Nachbarin | Haustier | Freund des Kindes |
|---|---|---|---|---|---|---|---|
| Baby und Kleinstkind (0–2) | S. 79 | S. 99 | S. 114 | S. 122 | S. 137 | S. 148 | S. 154 |
| Kindergartenkind (2–6) | S. 84 | S. 102 | S. 116 | S. 124 | S. 138 | S. 149 | S. 155 |
| Grundschulkind (6–10) | S. 88 | S. 105 | S. 116 | S. 128 | S. 142 | S. 151 | S. 161 |
| Teenager (11–15) | S. 92 | S. 108 | S. 120 | S. 134 | S. 145 | S. 152 | S. 161 |
| Jugendliche und junge Erwachsene (16–20) | S. 96 | S. 111 | S. 120 | S. 134 | S. 145 | S. 152 | S. 161 |

»Teenager« bezeichnet offiziell Jugendliche von zwölf bis neunzehn Jahren, aber aufgrund der intensiven Entwicklung in dieser langen Zeit ist eine Abgrenzung zu »jungen Erwachsenen« manchmal sinnvoll, auch wenn die Pubertät (und die Teenagerjahre) noch nicht zu Ende sind.

Wichtig zu wissen ist außerdem: Selbst wenn ein Mensch als Kindergartenkind getrauert hat, kann es passieren, dass er auch noch mal als Teenager trauert – so wie es Teenager eben machen. Und dann ein weiteres Mal als junger Erwachsener. Diese mehrfache Trauer ist normal und sollte Sie nicht beunruhigen.

# Ein Elternteil verstorben
## Kind im Babyalter

Babys können noch nicht sprechen oder Sprache verstehen. Sie spüren aber Unruhe, Verunsicherung, Angst und Trauer – und reagieren damit ihrerseits mit Unruhe, Verunsicherung und Angst.

Je nachdem, wie vor dem Tod die Rollen der Eltern verteilt waren, verändert sich für das Baby vielleicht sehr schnell sehr viel.

Versuchen Sie, etablierte Routinen (Schlafenszeiten, Zu-Bett-geh-Rituale) einzuhalten. Bieten Sie dem Baby körperliche Nähe an, wenn möglich. Bitten Sie gern Freunde und Verwandte um Unterstützung! Falls ältere Geschwister vorhanden sind, sollten diese möglichst nicht mehr als bisher oder jedenfalls nicht dauerhaft elterliche Aufgaben übernehmen (Füttern, Wickeln, Betreuung).

Der Tod eines Elternteils ist für den überlebenden Elternteil ein Schock. Meist auch dann, wenn eine schwere Krankheit vorausging und der Tod absehbar war. Zumindest handelt es sich um einen tiefen Einschnitt, der in Ihrem eigenen Leben viele Veränderungen nach sich ziehen wird. (Dies gilt, abgeschwächt, für alle Verwandten, also auch Tanten, Onkel, Schwäger, Großeltern usw.) Sie stecken also in einer Zwickmühle. Einerseits sollen und wollen Sie für das Baby sorgen. Andererseits benötigen Sie selbst viel Fürsorge.

Die Balance zu finden ist sehr schwierig. Manche Menschen flüchten sich in »Tun«, sie erledigen den Haushalt, kaufen ein, kochen Möhrchenbrei, andere sehen sich zu nichts davon in der Lage. Beides ist anstrengend, aber ganz normal. Vielleicht haben Sie das Bedürfnis, sich nur um sich zu kümmern, und wollen Ihr Kind für einige Zeit »loswerden«. Oder Sie glauben, umgekehrt, sich voll und ganz um das Kind kümmern zu müssen.

Eine große Zahl widerstreitender, überraschender und anstrengender Gefühle ist in der Zeit der Trauer normal. Die meisten Menschen können die Trauer aus eigener Kraft be- und verarbeiten. Auch wenn sich das am Anfang vielleicht nicht so anfühlt.

Es gibt viele Hilfsangebote. Kurzfristige Haushaltshilfen vermittelt bei Bedarf die Krankenkasse. Wenn Sie sich mit Babys gar nicht auskennen, holen Sie sich Rat bei einer Hebamme (www.hebammenverband.de/kontakt/). Nachbarn, Freunde und Verwandte sind zumindest in den ersten Tagen und Wochen nach einem Todesfall meist ebenfalls sehr hilfsbereit.

Versuchen Sie, mit einem Freund oder einer Freundin konkret zu überlegen, was getan werden muss und wer am besten welche Aufgaben übernehmen kann. Oder bitten Sie einen Freund oder eine Freundin, Ihnen diese Organisation abzunehmen.

Es kann passieren, dass ein Kind Entwicklungsrückschritte macht. Zum Beispiel krabbelt es wieder, obwohl es eigentlich schon laufen kann. Oder es fängt wieder an, am Daumen zu nuckeln. Oft zeigt das Kind Verhaltensweisen aus einer Zeit, in der es sich sicher gefühlt hat. Es ist wie ein Zurückgehen an einen als sicher empfundenen Ort. Diese Verhaltensänderungen sind Zeichen von Trauer. Meistens ist das ein vorübergehender Zustand.

## DÜRFEN SIE IN GEGENWART IHRES BABYS WEINEN ODER TRAURIG SEIN?

Das wird sich gar nicht vermeiden lassen. Manchen Babys machen authentische, ruhig zum Ausdruck gebrachte Gefühle der Trauer wenig aus, anderen viel. Das lässt sich nicht vorhersagen. So traurig, verzweifelt und überfordert Sie gerade auch sind: Neben der Trauer steht – oder unter ihr begraben liegt – die Liebe zu Ihrem Baby. Es ist günstig, wenn es Ihnen gelingt, sich während der Interaktionen mit dem Baby daran zu erinnern. Das mag sich seltsam, künstlich oder unangemessen anfühlen. Wie könnten Sie auch nur für Sekunden glücklich sein, wenn doch Ihr Partner tot ist, das Kind Halbwaise, die Zukunft tiefschwarz? Aber es ist so. Und das ist okay. Trauer und liebevolle Zuneigung sind kein Widerspruch.

Viele Eltern stellen das Babybettchen ins eigene Schlafzimmer. Wenn Sie besonders abends sehr traurig werden, sollten Sie versuchen, soweit Ihnen das möglich ist, nicht im Bett neben dem Baby zu weinen, sondern zum Beispiel im Wohnzimmer, und erst ins Bett zu gehen, wenn Sie zu erschöpft sind, um wachzubleiben.

## WELCHEN SCHADEN RICHTET DER TODESFALL BEIM BABY AN?

Babys spüren Trauer und andere Emotionen in ihrer Umgebung. Es ist gut, ein Gegengewicht zu schaffen, zum Beispiel indem ein Freund oder eine Nachbarin unbeschwerte Zeit mit dem Baby verbringt, mit ihm spielt, kuschelt und lacht.

Für ein Kind ist es natürlich traurig, wenn ein Elternteil »fehlt«. Es ist aber dennoch möglich, ein schönes, glückliches und erfolgreiches Leben zu leben. Sie können und müssen den verstorbenen Elternteil nicht ersetzen.

Gut möglich, dass Ihr Kind später den nicht bewusst erlebten Tod des Elternteils betrauert. Das kann auch mehrfach Thema werden, oft bei wichtigen Anlässen, wie Einschulung, Schulabschluss oder Hochzeit. Das ist normal und ein Ausdruck der gesunden Auseinandersetzung mit dem Leben, so wie es ist.

## WAS KÖNNEN SIE TUN, UM DAS BABY IN SEINER TRAUER ZU UNTERSTÜTZEN?

Ob das Baby bereits trauert, wissen wir nicht. Man geht jedoch davon aus, dass es die Trauer der Bezugspersonen spürt. Darauf reagieren Babys meist verunsichert, zum Beispiel mit Schreien oder Unruhe. Andererseits scheint es auch nicht sinnvoll, das Baby für ein paar Wochen oder Monate ganz in fremde Hände zu geben, um es vor Ihrer Trauer zu schützen. Denn dann verliert es ja nicht nur ein, sondern gleich beide Elternteile.

Manche Menschen verspüren das Bedürfnis, das Baby bei sich im Bett schlafen zu lassen. Entweder, weil sie hoffen, ihm damit mehr Nähe zu bieten, oder weil sie sich dadurch der verstorbenen Person näher fühlen. Doch es ist besser, die Schlafsituation zu belassen wie bisher, damit nicht noch eine weitere Veränderung eintritt. Kuscheln Sie gern und viel mit Ihrem Baby, aber lassen Sie es in seinem eigenen Bettchen schlafen. (Im Zweifel holen Sie bitte Rat bei der Hebamme ein, die das Baby nach der Geburt betreut hat, oder beim Kinderarzt.)

Sie können versuchen, soweit es Ihnen möglich ist, die Zeit mit dem Baby trotz allem zu genießen. Bitten Sie um Unterstützung für den Alltag mit Ihrem Baby oder nehmen Sie diese an, wenn sie Ihnen angeboten wird. Die Alltagsroutine sollte, wenn möglich, beibehalten werden.

Im Lauf des weiteren Lebens können und sollten Sie dem Kind von dem verstorbenen Elternteil erzählen. Ihr Kind wird immer wieder Fragen stellen. Beantworten Sie diese, so gut es Ihnen möglich ist. Mehr müssen Sie gar nicht tun, denn Kinder können gut für die eigenen Bedürfnisse sorgen, solange man ihnen das nicht abgewöhnt.

# Ein Elternteil verstorben
# Kind im Kindergartenalter

Stirbt ein Elternteil, ist das eine sehr schwierige Situation für die ganze Familie. Der überlebende Elternteil ist meist selbst sehr traurig. Und soll oder will doch auch dem Kind oder den Kindern helfen.

Ein Kindergartenkind kennt schon die Begriffe »Tod« (bzw. »tot«, »Totsein«) und »sterben«. Es kann sich aber noch nicht wirklich etwas darunter vorstellen. Vor allem, warum jemand stirbt und wie lange jemand tot sein wird, ist ihm unklar.

Auf das Warum gibt es manchmal Antworten, manchmal nicht. Wenn Sie die Antwort kennen und das Kind danach fragt, sagen Sie die Wahrheit. Sie müssen dabei nicht ins Detail gehen. Er oder sie »war sehr schwer krank«, »wurde bei einem Unfall sehr schwer verletzt«, »wurde von jemand getötet« … das reicht. Möchte das Kind mehr wissen, wird es nachfragen.

Gibt es keine oder nur eine unbefriedigende Antwort auf das Warum, dann sagen Sie das. »Das Herz hat einfach aufgehört zu schlagen, ich weiß auch nicht, warum das passiert ist.

So etwas geschieht sehr selten, aber es kann vorkommen«, oder: »Ich weiß nicht, warum er/sie die schweren Verletzungen erlitten hat.« Früher dachte man, Kinder und sogar Jugendliche seien zu klein für traurige Wahrheiten, und wollte sie »schützen«. Doch dann bleiben die Fragen, und das Kind zimmert sich Fantasie-Antworten zurecht, die oft viel gruseliger sind als die Wirklichkeit.

Es kann passieren, dass ein Kind Entwicklungsrückschritte macht und abgelegte Verhaltensweisen wieder aufnimmt, wie zum Beispiel Daumenlutschen oder Einnässen. Diese vermeintlichen Rückschritte bedeuten lediglich ein Innehalten und Krafttanken, bevor das Kind die nächsten Schritte gehen kann. Auch das ist normal.

Symptome wie Kopfweh, Bauchweh, Schlaflosigkeit sind bei Kindern ebenfalls nicht selten. Bleiben Sie nah dran und trösten Sie das Kind. Fragen Sie, ob es in den Arm genommen werden möchte.

## GEDULDIG ANTWORTEN

Kinder im Kindergartenalter sind sich meist noch nicht darüber im Klaren, dass der Tod endgültig ist. Daher fragen sie vielleicht nach der Beerdigung: »Und wann kommt Mama jetzt wieder?«

Solche Fragen sind weder dumm noch rücksichtslos, sondern zurückzuführen auf die sich noch entwickelnde Weltsicht. Antworten Sie geduldig, eindeutig und altersgerecht. Statt in Ihrer eigenen Trauer und Frustration also zu schreien: »Wir waren doch gerade auf der Beerdigung, verdammt noch mal! Bist du denn blöd?«, könnten Sie zum Beispiel sagen: »Nein, Mama kommt leider nicht wieder. Sie ist gestorben. Deswegen können wir sie nie wieder treffen. Wir können uns nur an sie erinnern.«

## WIE KÖNNEN SIE HELFEN?

Kindergartenkinder können anstrengend sein, und wenn sie Probleme bewältigen müssen, erst recht. Es hilft den Kindern – und meist auch den überlebenden Elternteilen –, wenn der Alltag einigermaßen aufrechterhalten wird. Das ist jedoch von einem trauernden Elternteil sehr viel verlangt. Daher: Holen Sie sich Hilfe und Unterstützung bzw. bieten Sie Hilfe und Unterstützung an! Und zwar ganz konkret: »Ich kann die nächsten Wochen die Fahrt zum Sport und das Abholen dort übernehmen. Ist dir das recht?« (Statt: »Hey, wenn du Hilfe brauchst, sag Bescheid!«)

Was können Sie anbieten?

- Fahrdienst zum Sport, zum Musikunterricht, zur Kinderbetreuung (und zurück)
- Mahlzeiten kochen
- vorlesen
- Hausarbeiten (wenn Sie gut befreundet sind oder innerhalb der Verwandtschaft)

Übernehmen Sie nicht einfach ungefragt Aufgaben, sondern kündigen Sie dies an. Der verbliebene Elternteil ist in Trauer, nicht kopfverletzt.

Über Alltagsaufgaben hinaus können Sie auch für Gespräche oder einfach Zeit zu zweit zur Verfügung stehen, sowohl für das Kind als auch für den Elternteil.

## KEINE ANGST VOR TRÄNEN

Sprechen Sie ruhig weiter von dem oder über den gestorbenen Elternteil. »Totschweigen« ist viel schlimmer.

Bestehen Sie nicht darauf, dass ein Kind oder auch ein Erwachsener auf eine bestimmte Art oder überhaupt trauern soll (»Vermisst du die Mama gar nicht? Du weinst ja nicht mal!«).

Weint das Kind oder der Erwachsene, bleiben Sie ruhig. Sie müssen die Trauer nicht »wegmachen« oder verscheuchen (»Jaja, bald wird es besser. Ist ja gut!«), sondern viel lieber zulassen (»Ja, es ist wirklich traurig«).

Vermeiden Sie (unbedachte) Trostversuche: »Ich weiß genau, wie du dich fühlst«, »Warte nur, bald geht es dir wieder besser«, »Jetzt hör doch auf zu weinen, davon wird sie auch nicht wieder lebendig«, »Lach doch mal« und so weiter.

# Ein Elternteil verstorben
# Kind im Grundschulalter

Kinder im Grundschulalter haben bereits eine grundsätzliche Vorstellung von Sterben und Tod. Sie wissen zum Beispiel, dass jeder irgendwann sterben muss. Aber sie können auf den Tod eines Elternteils mit für Erwachsene verwirrenden oder sogar als unangemessen empfundenen Fragen reagieren. Das liegt daran, dass Grundschulkinder sich die Welt über Wissen erschließen. Sie fragen und fragen und fragen, bis sie zufrieden sind. Zumindest für den Moment.

Sie tun betroffenen Kindern den größten Gefallen, wenn Sie die Fragen ernst nehmen und möglichst geduldig beantworten, ohne dabei groß abzuschweifen.

## ALLTAG AUFRECHTERHALTEN

Stirbt ein Elternteil, ist das eine schwierige Situation für die ganze Familie. Der verbliebene Elternteil trauert selbst – und will oder muss sich zugleich um das (trauernde) Kind oder vielleicht auch mehrere Kinder kümmern. Das ist wie der Schleudergang in der Waschmaschine, man weiß einfach nicht mehr, wo oben und unten ist.

Den Kindern nützt es am meisten, wenn der Alltag weitgehend aufrechterhalten werden kann. Nehmen Sie dabei gern Hilfe an bzw. bieten Sie Hilfe an. Und zwar konkret: »Ich kann euch die nächsten Wochen immer dienstags Abendessen vorbeibringen. Okay?« Oder: »Soll ich die Kinder in den nächsten Wochen zum Fußball bringen und dort wieder abholen?« Das ist besser als: »Melde dich, wenn ich was für euch tun kann.« Denn wer trauert, hat anderes im Kopf, als Gefallen hinterherzutelefonieren.

Grundschulkinder können ihre Gefühle besser im Tun als durch Gespräche ausleben. Deshalb hilft es ihnen beim Verständnis der Situation, zu basteln, zu malen, eine Kerze anzuzünden, zu singen, einen Brief zu schreiben oder zu diktieren. Diese Dinge können dann zum Beispiel mit in den Sarg oder ins Grab gegeben oder an einem Erinnerungsort im Haus aufgestellt werden.

## REGRESSION UND SPÄTERE RÜCKKEHR DER TRAUER

Ein schwerer emotionaler Verlust kann bei Kindern zu einer sogenannten Regression führen, einem Entwicklungsrückschritt. Vielleicht beginnt das Kind, wieder am Daumen zu lutschen, klammert, quengelt oder trotzt. Möglicherweise macht es auch wieder ins Bett. All das ist normal und legt sich meist nach einigen Wochen oder Monaten von alleine.

Stirbt ein Elternteil früh, kehrt die Trauer bei den Kindern oft später zurück – häufig an Jahrestagen oder zu besonderen Anlässen. Dann erst kann (und muss) betrauert werden, was verloren wurde. Nämlich, dass ein Elternteil die Meilensteine des Erwachsenwerdens nicht mitbekommt.

## MENTALISIEREN UND BEELTERN

Kinder (und auch Jugendliche) können oft nicht recht ausdrücken, wie es ihnen eigentlich geht und was ihnen Sorgen macht. Das ist normal. Hilfreich für die Kinder ist es dann, wenn Eltern oder andere Erwachsene versuchen, zu erfassen, wie es ihnen vielleicht gehen könnte. Was sie bewegt oder besorgt. Und dies dann durch Fragen behutsam zu klären versuchen. Man nennt diesen Vorgang »mentalisieren«. Das bedeutet, eigenes und fremdes Verhalten in Zusammenhang mit inneren (mentalen) Zuständen zu verstehen. Indem man sich, so gut man kann, in sie hineinversetzt. Aber nicht bemüht und »kopflastig«, sondern einfach durch eine Offenheit in der Begegnung.

Eltern haben zahlreiche Aufgaben, sie müssen für eine gewisse Ordnung sorgen, für einen finanziellen Rahmen, Trost und Zuneigung spenden und vieles mehr. Das ist schon für ein Elternpaar viel Arbeit – bleibt nur noch ein Elternteil, kann dies schnell als Überforderung empfunden werden. Daher ist es umso wichtiger, zu reflektieren, was Ihnen wirklich wichtig ist. Als »beeltern« bezeichnet man das (bewusst) liebevolle Ausüben der elterlichen Aufgaben. Man kann sich auch selbst (später) beeltern und damit alte Wunden heilen.

Ist Ihre Partnerin oder Ihr Partner gestorben, benötigen Sie selbst Fürsorge und Ihr Kinder bzw. Ihre Kinder ebenso. Das ist schwierig. Es gelingt besser, wenn Sie sich bewusst dafür entscheiden können, einen Schwerpunkt auf achtsame Fürsorglichkeit zu setzen, statt zum Beispiel möglichst schnell zur neuen »Normalität« übergehen zu wollen und möglichst gut zu funktionieren.

Alleinerziehend zu sein ist unter den besten Bedingungen schwierig, in der Schockstarre nach einem Todesfall erst recht. Bitte verstehen Sie daher diese Vorschläge nicht als Anspruchsdenken, sondern als Hilfe, sich darüber klar zu werden, wo und wie Sie Ihre (begrenzte) Energie am besten einsetzen können.

# Ein Elternteil verstorben
# Kind im Teenageralter

In der frühen Kindheit, vor allem auch in der präverbalen Phase der ersten Lebensjahre, werden viele wichtige Entwicklungsschritte durchlaufen. Die zweite, mindestens ebenso wichtige und schwierige Zeit der Veränderung sind die Teenagerjahre. Sie verlaufen bei jedem Kind anders.

»Die Pubertät«, hört man oft, »ist, wenn die Eltern schwierig werden.« So wird in einen Scherz gefasst, dass die Teenager sich (oft überdeutlich) von den Eltern abgrenzen und distanzieren. Dennoch ist die Persönlichkeit noch lange nicht fertig ausgebildet. Die jungen Menschen *wirken* oft schon halbwegs selbstständig, und sie sind das manchmal auch. In vielerlei Hinsicht aber auch wieder nicht.

Stirbt ein Elternteil in dieser Zeit, können deshalb die Reaktionen des Teenagers und die möglichen Folgen für die Psyche sehr unterschiedlich ausfallen.

## DOPPELTE TRAUER

Stirbt ein Elternteil, so steckt der überlebende Elternteil meist in der Klemme. Einerseits haben Sie gerade den Partner oder die Partnerin verloren (oder vielleicht auch den Ex-Partner oder die Ex-Partnerin, auch das ist nicht ohne), trauern also selbst. Andererseits versuchen Sie wahrscheinlich, den Alltag Ihrem Kind zuliebe aufrechtzuerhalten, oder würden das zumindest gern hinkriegen (oder Sie glauben, dass es von Ihnen erwartet wird).

Umgekehrt spürt Ihr Teenagerkind, dass Sie nicht wie bisher den Kühlschrank befüllen, Geld verdienen, das Haus sauber halten oder Fahrdienste übernehmen können, sondern viel Zeit für sich selbst brauchen.

Das führt häufig dazu, dass alle Beteiligten rücksichtsvoll schweigend umeinander herumschleichen. Und noch einsamer werden.

## WIE KÖNNEN SIE HELFEN?

Organisieren Sie vor allem logistische Hilfe und Unterstützung bzw. bieten Sie diese an. Und zwar ganz konkret: »Ich kann XYZ am Wochenende zum Querflötenkonzert fahren«, »Ich kann mit XYZ für die Mathearbeit üben«, »Ich kann euch nächsten Dienstagabend einen Auflauf vorbeibringen«.

Die Emotionen von Teenagern wechseln schnell. Sie wollen daher nicht ständig trauern (wie wir Erwachsenen es oft von uns erwarten), sondern nutzen den Alltag als Stütze, gehen also meist schnell wieder in die Schule oder auch auf Partys. Machen Sie dem Kind dann keine Vorwürfe. Bemühen Sie sich stattdessen, zu »mentalisieren«, also aus dem Verhalten und den Äußerungen möglichst wohlwollend auf die Bedürfnisse zu schließen. Und diese dann zu unterstützen.

## GUTE FRAGEN, WENIGE ANTWORTEN

Teenager verstehen schon, was es bedeutet, tot zu sein. Daraus ergeben sich für sie jedoch oft existenzielle Folgefragen wie:

- Warum musste ausgerechnet meine Mama/mein Papa sterben?
- Wenn wir sowieso alle jederzeit sterben können, welchen Sinn hat das Leben denn dann?
- Werden wir aus- oder umziehen müssen?
- Woher kommt das Geld zum Leben?
- Was kann ich tun, um Mama/Papa nicht zu vergessen?

Die Verarbeitung des Todes und das Abschiednehmen werden meist erleichtert, wenn das Kind den Toten oder die Tote noch einmal sehen, anfassen und umarmen darf. (Darf! Nicht muss! Und: Bitte lassen Sie das Kind, Teenager hin oder her, nicht allein zu der oder dem Toten. Wenn Sie sich zur Begleitung außerstande sehen, was völlig okay ist, bitten Sie Freunde, Verwandte oder notfalls den Bestatter.)

Ein Teenager kann auch schon gut beim Waschen und Ankleiden des Toten helfen, wenn er oder sie das möchte. Und kann die Trauerfeier mitgestalten, zum Beispiel ein Lied oder ein Gedicht aussuchen.

Oft wird es auch als verbindend empfunden, ein Geschenk oder einen Brief (oder ein Bild) mit in den Sarg zu legen.

## IN KONTAKT BLEIBEN

Teenager können auf den Tod eines Elternteils sehr unterschiedlich reagieren, beispielsweise mit

- Wut
- Trotz

- Aggression
- Betäubung (Computerspiele, Internet, Drogen, Alkohol)
- Überanpassung
- Regression (zum Beispiel Trennungsängste, Bettnässen).

Die meisten Menschen, Teenager eingeschlossen, können schwierige Lebensereignisse langfristig aus eigener Kraft bewältigen. Ihre Aufgabe besteht daher vor allem darin, die übrigen äußeren Umstände möglichst stabil und zuverlässig zu gestalten sowie Fragen ehrlich und verständlich zu beantworten, ohne dabei übermäßig emotional zu werden. (Das ist total schwer! Holen Sie sich bei Bedarf bitte Unterstützung durch Freunde, Bekannte, Verwandte, denn es macht den Teenagern die Trauer viel schwerer, wenn sie keine Antworten auf drängende Fragen erhalten können.) Im Zweifel ist *im Gespräch zu bleiben* wichtiger und hilfreicher, als *zu funktionieren*.

Schaffen Sie Raum und Zeit für Erinnerungen an und Gespräche über den Verstorbenen oder die Verstorbene. Ja, das ist oft traurig, tut aber gleichzeitig gut.

# Ein Elternteil verstorben
# Jugendlicher oder junger Erwachsener

Jugendliche und junge Erwachsene machen bereits vieles mit sich selbst oder ihren Freunden ab. Viele von ihnen nutzen das Zuhause vor allem als Basisstation, ihr Alltag spielt sich anderswo ab. Daher ist es möglich, dass sie den Tod eines Elternteils scheinbar »achselzuckend« hinnehmen und weder organisatorisch noch emotional eingebunden werden wollen. Auch das Gegenteil kann der Fall sein, nämlich, dass die Jugendlichen durch den Tod bis ins Innerste erschüttert werden und sich vollkommen anders verhalten als sonst.

Die Ablösung von der Herkunftsfamilie fällt am leichtesten, wenn ein Jugendlicher die Eltern ablehnen darf, also von ihnen wegstrebt, zugleich aber eine zuverlässige Bindung zu ihnen halten kann – sozusagen für Notfälle. Dies sind zwei gegensätzliche Strömungen, die nicht immer gleichzeitig sichtbar sind.

Der Tod eines Elternteils kann die Wegbewegung *verstärken*, kann aber auch zu einer *Unterbrechung* der Wegbewegung führen. Oder zu einer wirren Mischung aus beidem.

Manche Jugendliche reagieren scheinbar »erwachsen« auf den Verlust – und rasten dann an anderer Stelle unerwartet aus. Sie »funktionieren« besser als je zuvor, gehen zur Schule oder in die Ausbildung, lernen brav und schreiben gute Noten – und können gleichzeitig von unlösbaren existenziellen Fragen geradezu gelähmt sein.

## WAS KÖNNEN SIE TUN?

Stirbt ein Elternteil, trauert der andere Elternteil ebenfalls. Das ist auch notwendig. Ihre wichtigste Aufgabe besteht somit darin, die eigene Trauer zu durchleben. Aus dieser Erfahrung heraus – und in Kenntnis Ihres Kindes – können Sie versuchen, dessen Zustand zu »mentalisieren«, also so gut es geht zu erfassen und sich vorzustellen. Auf dieser Grundlage können Sie dann Gespräche führen, Fragen beantworten, sich gemeinsam erinnern, Pläne schmieden. Manchen Jugendlichen hilft es, kreativ zu werden (malen, schreiben, basteln), andere können ihre Gefühle im Freien (zum Beispiel bei einem Spaziergang) besser erleben und aushalten.

Achtung: Jugendliche und junge Erwachsene können wirklich schon sehr erwachsen wirken. Trotzdem hat Ihr Kind keine Beziehung »auf Augenhöhe« zu Ihnen! Natürlich dürfen Sie in Gegenwart Ihres Kindes traurig sein, einander umarmen und sich gegenseitig trösten. Achten Sie aber bitte darauf, dass Sie Ihr Kind nicht dauerhaft zu Ihrer Alltagsstütze machen. Das ist nicht die Aufgabe der Kinder.

## MITGEFÜHL HILFT

Man könnte meinen, wenn jemand erwachsen oder fast erwachsen ist, würde es leichter, mit dem Verlust eines Elternteils umzugehen. Das ist nicht der Fall und daher zu viel erwartet. Für junge Menschen bricht eine Welt zusammen, wenn ein Elternteil stirbt. Sie fühlen sich vielleicht abwechselnd wie taub, wütend, verzweifelt, ratlos, aggressiv, hasserfüllt, ziellos, überfordert … Diese Zustände ebben zwar nach einiger Zeit ab, können aber später im Leben immer wieder mal zurückkehren. Die Abstände, in denen man trauert, werden größer, aber wenn man traurig ist, dann so stark wie am ersten Tag.

Erwachsen zu werden und ein eigenständiges Leben zu führen bedeutet zwangsläufig auch, sich mit der Tatsache abzufinden, dass wir alle irgendwann sterben werden. Die eigenen Eltern, wir selbst, unsere Kinder. So banal und logisch das klingt, so schwierig kann es jedoch sein, diese Realität anzuerkennen und damit umzugehen. Daher: Seien und bleiben Sie mitfühlend mit sich und Ihrem Kind.

# Beide Elternteile verstorben
# Kind im Babyalter

Sterben beide Elternteile (zum Beispiel bei einem Verkehrsunfall), bestimmt das Familiengericht einen gesetzlichen Vormund. Das können Verwandte sein, müssen aber nicht. Haben die Eltern eine Sorgerechtsverfügung hinterlassen, soll das Amt sich an diese halten.

Jährlich werden etwa eintausend Kinder und Jugendliche hierzulande zu Vollwaisen. In der Praxis ist bei derartigen Todesfällen meist die Polizei vor Ort (denn es handelt sich im Regelfall um Unfälle, Verbrechen oder Suizide). Sie verständigt gegebenenfalls Jugendamt und Familiengericht und kümmert sich bei Bedarf um eine Sofortbetreuung eines Babys.

## WAS WANN SAGEN?

Bekommt ein Baby mit, dass die leiblichen Eltern gestorben sind und durch andere Betreuungspersonen »ersetzt« werden? Ich weiß es nicht. Man geht jedoch davon aus, dass auch Babys und Kleinstkinder die »Unruhe« solcher Situationen wahrnehmen und dadurch ihrerseits beunruhigt werden. Geht alles gut, so findet sich eine stabile Betreuungssituation zum Beispiel bei nahen Verwandten im passenden Alter oder bei einer Adoptivfamilie. Dann ist nicht mit nachhaltigen Entwicklungsstörungen zu rechnen.

Heutzutage verheimlicht man Kindern allerdings nicht mehr, dass sie nicht bei ihren leiblichen Eltern aufwachsen und warum das der Fall ist. Das gibt ihnen die Gelegenheit, später an den jeweiligen Entwicklungsschritten einerseits um den Verlust der Eltern zu trauern, andererseits vielleicht auch dankbar dafür zu sein, wie das Leben »stattdessen« gelaufen ist. Jedenfalls wird auf diese Weise eine bewusste Auseinandersetzung mit dem Lebensweg ermöglicht. Sie ist nicht einfach, aber es ist insgesamt besser, als immer nur insgeheim zu spüren, dass »irgendwas anders« ist als bei den anderen Kindern, und vielleicht erst sehr spät zu erfahren, was genau.

## WAS KÖNNEN SIE TUN?

Wenn beide Eltern sterben, ist das immer traurig. Passiert es, wenn das Kind noch sehr klein ist, und findet sich eine gute Betreuungsmöglichkeit, bleiben Spätfolgen in den allermeisten Fällen aus.

Wenn Sie mit den verstorbenen Elternteilen verwandt oder auch gut befreundet sind, nehmen Sie Kontakt mit dem zuständigen Familiengericht auf (gegebenenfalls über die Polizei vor

Ort). Überlegen Sie gut, wie Sie die Entwicklung des Kindes unterstützen können, und beraten Sie sich mit den Mitarbeitern des Familiengerichts oder Jugendamts. Wenn Sie ein mit Ihnen verwandtes Kind nur aus Pflichtbewusstsein und gegen Ihren (unausgesprochenen) Willen zu sich nehmen, nützt das weder Ihnen noch dem Kind! Gerade für sehr junge Kinder können leicht gute Betreuungsmöglichkeiten gefunden werden.

# Beide Elternteile verstorben Kind im Kindergartenalter

Ein Kind im Kindergartenalter kennt schon Begriffe wie »Tod« und »sterben«, hat aber noch keine konkrete Vorstellung davon, was diese bedeuten. Insbesondere ist diesen Kindern meist die Endgültigkeit des Todes nicht klar.

Es hilft ihnen daher beim Verständnis, wenn Erwachsene ihnen Informationen in kurzen, eindeutigen Sätzen geben (also: »Deine Eltern sind gestorben« statt »Du hast deine Eltern verloren«, oder »Deine Eltern sind verschieden«).

Es dauert meist längere Zeit, bis die Kinder verstehen und akzeptieren können, dass sie ihre Eltern nie wiedersehen werden. In dieser Zeit stellen sie immer wieder Fragen danach, was Totsein genau ist, wann die Eltern denn nun endlich damit aufhören, wo sie jetzt sind usw. Diese Fragen sollten ehrlich und altersgerecht beantwortet werden.

## WAS KÖNNEN SIE TUN?

Wenn beide Elternteile sterben, ist normalerweise auch die Polizei im Spiel, denn es handelt sich meist um Unfälle, Verbrechen oder Suizide. Sie verständigt das Jugendamt, das eine kurzfristige Betreuung und Unterbringung des Kindes oder der Kinder organisiert, sowie das Familiengericht.

Sind Sie vor Ort, und kennt das Kind Sie, können Sie anbieten, die Betreuung zu übernehmen. Je nach Situation kann dies akzeptiert oder abgelehnt werden. Das ist keine gegen Sie persönlich gerichtete Entscheidung.

In Absprache mit dem Jugendamt und dem Familiengericht können Sie den Alltag des Kindes aufrechterhalten, es also zum Beispiel in den Kindergarten bringen und dort abholen.

Lassen Sie sich bitte ausführlich beraten, bevor Sie anbieten, das Kind endgültig bei sich aufzunehmen. Das aus Pflichtbewusstsein, aber gegen den eigentlichen eigenen Willen zu tun, nützt weder Ihnen noch dem Kind!

## TRAURIG SEIN DÜRFEN, ABER NICHT MÜSSEN

Die Trauer über den Verlust beider Elternteile wird die betroffenen Kinder ihr Leben lang begleiten. Ziel ist nicht, die Trauer und damit auch die Verbindung zu den Eltern hinter sich zu lassen, sondern den Schmerz zu lindern und zu lernen, mit der Trauer zu leben. Gerade jüngeren Kindern helfen dabei Malen, Basteln, Singen und auch gemeinsames Erinnern, wenn Sie die Eltern kannten. Das kann an einem Geburtstag oder einem Jahrestag sein oder auch ohne äußeren Anlass. Es ist eine Erleichterung für die Kinder, wenn sie traurig sein dürfen, aber nicht müssen. Und es hat sich bewährt, zum Beispiel ein Bild, ein Erinnerungsstück und eine Kerze im Haus oder im Zimmer aufzustellen, um die weiterhin bestehende Verbindung deutlich sichtbar und sogar fassbar zu machen. Und auch, um zu zeigen, dass sie sein *darf*.

## WAS SIE NICHT SAGEN ODER TUN SOLLTEN

- »XYZ ist jetzt deine neue Mama«, »Das sind deine neuen Eltern!«
- »Sei dankbar, du hattest solches Glück, dass XYZ dich aufgenommen haben.«
- »Nun hör auf zu weinen, davon werden deine Eltern auch nicht wieder lebendig.«
- »Du wirst schon sehen, am Ende war es für irgendetwas gut.«

## Beide Elternteile verstorben
## Kind im Grundschulalter

Kinder im Grundschulalter glauben häufig an »magisches Denken«, also: »Wenn ich es mir nur doll genug wünsche, wenn ich nur brav genug bin, wenn ich regelmäßig bete, wenn ich ab jetzt immer mein Zimmer aufräume … dann kommen meine Eltern zurück!« Das ist zwar nicht korrekt, aber altersgemäß. Daher ist es nicht hilfreich, sich darüber lustig zu machen oder die Kinder zurechtzuweisen. Es nützt ihnen jedoch bei der Anerkennung der Situation, wenn Erwachsene immer wieder die Lage in klaren Worten formulieren, also »Deine Eltern sind gestorben, das tut mir sehr leid« ist verständlicher als »Es ist so traurig, dass deine Eltern von uns gegangen sind«.

## VORMUNDSCHAFT

Sterben beide Elternteile, bestimmt das Familiengericht – oft in Absprache mit dem Jugendamt – einen Vormund. Das können nahe Verwandte oder zum Beispiel auch Patentante oder -onkel sein, müssen aber nicht. Standen Sie den Eltern bzw. stehen Sie dem Kind nahe und wären bereit, die Aufgabe zu übernehmen, teilen Sie dies dem Familiengericht mit, und lassen Sie sich dort oder beim Jugendamt beraten. Bitte nehmen Sie kein Kind gegen Ihren eigentlichen Willen nur aus Pflichtbewusstsein bei sich auf. Daraus ergeben sich nur gegenseitige Vorwürfe.

## TRAUERARBEIT

Um Kinder im Grundschulalter beim Trauern zu unterstützen, können Sie mit ihnen malen, basteln oder auch über die Eltern sprechen. Es ist für Hinterbliebene, auch für junge Kinder, zwar oft traurig, an die Verstorbenen zu denken, aber es tut zugleich auch gut. Jedenfalls ist es weit besser als der ausgesprochene oder oft auch unausgesprochene Wunsch des Umfelds, doch jetzt bitte lieber nicht wieder traurig zu sein und die Stimmung zu drücken.

Manche Kinder reagieren auf großen Stress mit Regressionen, also Rückschritten in der Entwicklung. Sie lutschen zum Beispiel wieder am Daumen oder entwickeln Trennungs- oder Einschlafängste. Das ist normal und gibt sich meist innerhalb einiger Wochen oder Monate.

Man geht davon aus, dass die meisten Menschen selbst schwere Schicksalsschläge aus eigener Kraft verarbeiten können, sofern ihnen dafür ausreichend Zeit und Ressourcen zur Verfügung stehen. Auch wenn der Tod beider Eltern ein heftiger

Doppelschlag ist, sollte man dies gegenüber einer Pathologisierung, also der unbegründeten Annahme von Behandlungsbedürftigkeit, bevorzugen.

# Beide Elternteile verstorben Kind im Teenageralter

Die Teenagerzeit ist – nach der sehr frühen Kindheit – die Phase der größten Veränderungen in der Psyche. Daher ist der Tod beider Eltern für einen Teenager besonders schwierig zu verarbeiten. Denn eigentlich soll er oder sie von zu Hause wegstreben, sich von den Eltern abgrenzen. Sind die auf einmal nicht mehr am Leben, ist das jedoch nicht mehr möglich.

Das kann zu den unterschiedlichsten Reaktionen führen, wie beispielsweise:

- Wut
- Aggression
- Verschlossenheit
- Überangepasstheit
- Regression (zum Beispiel Trennungsängste, Bettnässen)
- Sinnfragen

## VORMUNDSCHAFT

Einem Teenager werden zugleich die sachlichen Probleme, die aus dem Tod der Eltern folgen, bewusst (wo werde ich jetzt leben, wer kümmert sich um mich?), wie auch die grundsätzlichen (wozu morgens aufstehen, wenn man doch jederzeit sterben kann?). Das ist eine ganz schön heftige Packung.

Auch für Teenager bestimmt das Familiengericht einen gesetzlichen Vormund. Das können Verwandte sein, müssen es aber nicht. Bitte lassen Sie sich beraten, bevor Sie aus Pflichtbewusstsein das Kind zu sich nehmen. Denn ja, es sind nur noch ein paar Jahre bis zur Volljährigkeit. Aber a) kann das Ziel guter Obhut nicht darin bestehen, das Kind am Tag nach dem achtzehnten Geburtstag vor die Tür zu setzen, und b) sind es zwar nur ein paar Jahre, aber ein paar Jahre mit einem Teenager können sich ganz schön ziehen.

## WAS KÖNNEN SIE TUN?

Teenager machen bereits vieles mit sich oder ihren Freunden aus. Dennoch sind sie dankbar für verlässliche erwachsene Bezugspersonen. Oft fällt es ihnen schwer, herauszufinden, wie sich Trauer und Abschied mit Weiterleben verbinden lassen. Dabei können Sie beraten, vielleicht Vorbild sein, mit ihnen über die Eltern sprechen, über die Zukunft, den Sinn des Lebens.

Teenager erreicht man leichter bei gemeinsamen Unternehmungen, oft auch Ausflügen. Also auf der Fahrt zu einer Sportveranstaltung, ins Schwimmbad, ins Kino, auf einem gemeinsamen Spaziergang. Dazu haben sie anfangs oft kaum Lust. Es hilft, sie durch die Aussicht auf einen Restaurantbesuch oder die Mitnahme von Freunden zu »bestechen«.

Teenager trauen oft der Erwachsenenwelt und deren Umgangsformen und Ritualen nicht, finden diese verlogen oder spießig. Vielleicht kann es Ihnen gelingen, sich in die Betroffenen hineinzuversetzen und Verständnis zu entwickeln (man nennt das »mentalisieren«). Das ist etwas anderes als plumpes Anbiedern. Ziel ist nicht, der beste Kumpel zu sein, sondern dem Teenager das Gefühl zu vermitteln: Ich verstehe, dass und warum es für dich schwierig ist, und das ist auch in Ordnung.

# Beide Elternteile verstorben
## Jugendlicher oder junger Erwachsener

Jugendliche und junge Erwachsene haben den Prozess der (inneren) Ablösung vom Elternhaus weitgehend abgeschlossen. Man könnte daher denken, dass der Tod beider Elternteile für sie zwar ein emotionaler Schlag ist, aber lebenspraktisch keine großen Auswirkungen hat. Das ist jedoch selten so.

Denn Jugendliche und junge Erwachsene wirken zwar oft schon sehr selbstständig, sind das aber häufig nur im Rahmen der Annahme, dass ihre Eltern ihnen notfalls zur Seite springen. Anders gesagt: Die Eltern bzw. das Elternhaus stellen nach wie vor den Rahmen der Sicht auf das Leben.

Gerade dann, wenn die Eltern oder deren Lebensweise von den Jugendlichen stark kritisiert oder deutlich abgelehnt wurden, kann es beim Tod der Eltern zu intensiven Schuldgefühlen kommen. Auch eine »Überlebensschuld« ist möglich – damit ist gemeint: »Warum meine Eltern und nicht ich?«

Zu den weiteren häufigen Reaktionen gehören:

- Aggression
- Regression (zum Beispiel Trennungsängste, Bettnässen)
- Überangepasstheit
- umfassende Rebellion (zum Beispiel alle Pläne über den Haufen werfen)
- Betäubung (zum Beispiel durch Computerspiele, Internet, Sex, Alkohol oder Drogen)
- Lebensunsicherheit, Entscheidungsunfähigkeit

Auch ein teilweise abruptes Wechseln zwischen unterschiedlichen Reaktionen ist möglich, also zum Beispiel von Zuwendungsbedürftigkeit zu Aggression oder umgekehrt.

## VORMUNDSCHAFT

Bei minderjährigen Jugendlichen bestimmt das Familiengericht einen gesetzlichen Vormund. Das kann ein Verwandter sein, muss aber nicht. Da die Zeit bis zur Volljährigkeit nicht mehr lang ist, wird nach Wunsch und Fähigkeiten des oder der Jugendlichen entschieden, wo er oder sie wohnen wird – allein, bei Freunden oder Verwandten oder in einer anderen Unterbringung. Meist wird der Versuch unternommen, einen großen Umzug zu vermeiden, das soziale Umfeld zu erhalten und die Schule oder die Ausbildung zu beenden.

## WAS KÖNNEN SIE TUN?

Bitte lassen Sie sich beim Familiengericht oder Jugendamt beraten, bevor Sie aus Pflichtbewusstsein die Vormundschaft übernehmen. Es mag nicht mehr lange bis zur Volljährigkeit dauern, aber es ist durchaus möglich, dass die Zeit schwierig wird.

So oder so können Sie dem/der Jugendlichen dabei zur Seite stehen, den Alltag zu bewältigen. Also Ansprechpartner sein für ganz konkrete Fragen wie auch für grundsätzliche Überlegungen. Außerdem können Sie gemeinsam mit dem/der Jugendlichen über die Eltern sprechen und sich an diese erinnern. Das ist besser und heilsamer, als zu versuchen, sie »totzuschweigen«.

Und Sie können anbieten, gemeinsam etwas zu unternehmen. Einen Spaziergang, ins Kino, zum Schwimmen. Dazu haben trauernde Jugendliche oft keine Lust, weil ihnen Pausen von der Trauer wie ein Verrat erscheinen (und die Welt ist voll von Verrat!). Aber auch sie brauchen diese Pausen. Wenn es Ihnen gelingt, einfühlsam dranzubleiben, ist das sehr viel wert.

# Großvater, Großmutter, Tante oder Onkel verstorben Kind im Babyalter

Früher ging man davon aus: Solange Babys zu essen haben und man regelmäßig ihre Windeln wechselt, ist alles in Ordnung. Heute wissen wir, dass Babys und Kleinkinder wichtige vorsprachliche Entwicklungsphasen durchlaufen, die beeinflusst werden durch die Emotionen ihrer unmittelbaren Bezugspersonen. Konkret heißt das: Wenn die Bezugspersonen sehr traurig sind, weil eines ihrer Elternteile oder ihre Schwester oder ihr Bruder gestorben ist, dann hat das auch Auswirkungen auf das Kind. Das soll keineswegs heißen, dass Eltern mit kleinen Kindern nicht traurig sein dürfen. Es hilft wenig, derartig intensive Gefühle zu verdrängen. Im Gegenteil: Holen Sie sich Verstärkung. Denn einerseits wollen Sie gern für Ihr Kind da sein, andererseits können Sie das am allerbesten, wenn Sie auch gut für sich sorgen. Und dazu gehört ein sorgsamer Umgang mit den eigenen Gefühlen. Denn in einem solchen Fall gilt eben auch für Sie: Den Verlauf von Trauer kann man nicht vorhersehen. Natürlich hängt viel von den Umständen ab: War es ein überraschender Todesfall, konnten Sie Abschied nehmen oder nicht, wie nah standen Sie einander?

Sich um ein sehr kleines Kind zu kümmern ist schon unter idealen Umständen eine zwar wichtige, aber durchaus schwierige Aufgabe. Und wenn dann das Leben dazwischenkommt, egal in welcher Form (Umzug, Beziehungskrise, berufliche Schwierigkeiten, Trauerfall …), sollten Sie sich so viel Hilfe holen, wie Sie kriegen können. Es ist kein Zeichen von Stärke oder von besonders guten Eltern, alles alleine hinzubekommen. Im Gegenteil, Sie tun sich und Ihrem Kind den größeren Gefallen, wenn Sie Unterstützung suchen und annehmen. Denn dann können Sie geduldig mit sich sein – und auch mit Ihrem Kind und dessen Entwicklung und Bedürfnissen.

# Großvater, Großmutter, Tante oder Onkel verstorben
## Kind im Kindergarten- oder Grundschulalter

Kinder in diesem Alter neigen zu »magischem Denken«: »Opa ist gestorben, weil ich nicht brav war.« Oder: »Wenn ich jetzt immer ohne Quengeln einschlafe, dann erwacht die Tante wieder zum Leben.« Sie kennen zwar den Begriff »tot«, wissen aber noch nicht wirklich, was er bedeutet – und vor allem nicht, dass er endgültig ist.

Entsprechend sagen sie im Spiel auch: »Du wärst jetzt mal tot« – und Sekunden später spielt der oder die »Tote« wieder mit.

Daher ist es für Kinder in diesem Alter besonders wichtig bzw. für ihr Verständnis der Situation hilfreich, klare und eindeutige Formulierungen zu wählen. Und die Fragen, die sie stellen, sachlich und ruhig zu beantworten. Viele Kindergarten- und Grundschulkinder wollen »alles« wissen, und manche ihrer Fragen scheinen Erwachsenen pietätlos. So sind sie jedoch nicht gemeint.

Zu den häufigen Fragen gehören:

- Ist XYZ nicht kalt im Sarg?
- Wie soll XYZ denn aus dem Grab wieder rauskommen?
- Bei Einäscherung: Tut es XYZ nicht weh, verbrannt zu werden?
- Möchte Opa nicht, dass Oma auch bei ihm im Sarg liegt?
- Kann XYZ jetzt endlich aufhören mit Totsein?

Es ist wichtig, immer wieder deutlich zu machen: »XYZ ist tot, wir werden ihn / sie nie wieder treffen, er / sie wird nicht wieder zu uns kommen«, und deshalb auch: »Wer tot ist, kann keine Schmerzen mehr empfinden, hat keine Angst, wacht nicht wieder auf und vermisst auch niemand.«

## DOPPELTER VERLUST

Wenn Großelternteile oder Tanten / Onkel sterben, bedeutet das einen doppelten Verlust für die Familie. Denn ein Elternteil verliert seinerseits ein Eltern- oder ein Geschwisterteil. Je nach Situation wird von Angehörigen und dem Umfeld meist vor allem die Trauer einer »Partei« gesehen, also entweder des Elternteils oder der Kinder / Enkel / Nichten / Neffen. Achten Sie darauf, dass genug Raum für Ihre eigene Trauer bzw. für die Trauer Ihres Kindes oder Ihrer Kinder bleibt.

Das heißt nicht, die eine Trauer gegen die andere abzugrenzen oder in Konkurrenz zu treten. Sondern es bedeutet, ein Bewusstsein für die vielen unterschiedlichen betroffenen Personen zu entwickeln und sich zu bemühen, sie alle wahrzunehmen.

Manchmal stellen entweder die Eltern die eigene Trauer zurück, um für die Kinder zu sorgen, oder die Kinder verdrängen ihre Trauer, um den Eltern nicht noch mehr Kummer zu bereiten. Beides ist menschlich und liebenswert, auf die Dauer aber problematisch. Da es kein »richtiges« oder »falsches« Trauern gibt und dementsprechend auch keinen »richtigen« oder »falschen« Umfang der Trauer, muss hier kein Problem entstehen. Die meisten Menschen können negative Gefühle mit der Zeit aus eigener Kraft verarbeiten. Es ist nur gut, wenn Sie ab und zu mal überlegen: Kommen alle Familienmitglieder (Sie selbst eingeschlossen) zu ihrem emotionalen Recht?

## TRAUERFREIER RAUM

Die meisten Kinder wollen recht schnell zurück in Kita oder Schule. Das ist in Ordnung, denn dort finden sie einen »trauerfreien Raum«. Der ist wichtig zur Entlastung.

Dennoch ist es hilfreich, wenn Sie die Erzieher oder Lehrer über den Todesfall informieren. Nicht so sehr, weil diese Ihnen dann die Arbeit mit dem Kind abnehmen und die Trauer »wegmachen« könnten oder sollten. Sondern weil es den pädagogischen Alltag erleichtert und gegebenenfalls Einfluss auf konkrete Reaktionen hat, etwas über die aktuelle häusliche Situation des Kindes zu wissen.

## DABEI SEIN UND MITGESTALTEN

Es kann für Kinder hilfreich sein, Beerdigung und Trauerfeier mitzuerleben und vor allem auch mit zu gestalten. Heutzutage ist es möglich, den Toten oder die Tote nach dem Tod noch zu berühren und selbst zu waschen und anzukleiden. Auch kann der Sarg nach eigenen Wünschen verziert werden.

Dazu sollte kein Kind gezwungen werden, aber machen Sie das Angebot, wenn Sie können. Es klingt für viele Menschen gruseliger, als es ist, und sowohl Sie als auch Ihr Kind können jederzeit unter- oder abbrechen.

Etwas wortwörtlich zu be-greifen (künstlerisch oder auch praktisch) hilft, es auch gedanklich zu begreifen.

# Großvater, Großmutter, Tante oder Onkel verstorben

## Teenager, Jugendliche und junge Erwachsene

Ab dem Teenageralter wird die »Peer Group«, also gleichaltrige Freunde, für junge Menschen immer wichtiger. Das bedeutet auch, dass die biologische Herkunftsfamilie in dieser Zeit an Wichtigkeit verliert. Das ist normal und für die Abgrenzung und die Entwicklung einer eigenständigen Persönlichkeit notwendig.

Es kann dazu führen, dass Jugendliche auf den Tod eines Großelternteils oder einer Tante bzw. eines Onkels scheinbar geradezu desinteressiert reagieren. Das ist logisch, denn die jungen Menschen wissen einerseits bereits, was »Totsein« sachlich bedeutet. Andererseits erscheinen ihnen im Grunde alle Erwachsenen alt und dem Tode nah. Dass manche von ihnen sterben, ist also nur natürlich. Und für sie hat es meist konkret kaum Auswirkungen. Jedenfalls weit weniger als für die Elterngeneration.

Das bedeutet: Sehr wahrscheinlich ist Ihre eigene Trauer größer als die Ihrer Kinder. Es ist möglich, dass diese *Ihren*

Schmerz gar nicht von sich aus wahrnehmen. Denn dass eine Tante zugleich eine Schwester ist und ein Opa ein Vater, geht im Alltag schnell unter.

## DEUTLICH UND FREUNDLICH

Ich finde, man kann auch von Teenagern und Jugendlichen Rücksichtnahme erwarten. Allerdings muss man ihnen manchmal ganz genau sagen, wie und wann. Sich darüber aufzuregen, dass sie sich nicht so verhalten, wie man es gerade erwartet, bringt nichts.

Da Jugendliche oft gedanklich mit sich selbst beschäftigt sind, benötigen sie eindeutige Anweisungen, was sie wann, wo und wie tun sollen. Die meisten von ihnen machen es dann gern und gutwillig. Vor allem, wenn ihnen deutlich ist, dass es den eigenen Eltern bei der Bewältigung der Trauer hilft.

Solche Ansagen sind allerdings schon im Alltag unter Optimalbedingungen nicht immer leicht hinzukriegen. Wenn Sie also die Möglichkeit haben, die Organisation Ihres Teenagers für ein paar Tage oder Wochen an Freunde oder Verwandte abzugeben, ergreifen Sie die Gelegenheit.

Gut möglich, dass Ihr Kind zu einem späteren Zeitpunkt doch noch ausführlicher trauert. Oder auch nicht. Beides ist in Ordnung.

Vorwürfe wie »Du bist gar nicht traurig, dass XYZ tot ist!« lösen nur Scham aus und damit Abwehr, aber sonst nichts. Ihre eigene Trauer wird durch das Verhalten Ihres Teenagers nicht infrage gestellt, ebenso wenig der Wert des verstorbenen Menschen.

# Geschwisterkind verstorben
## Kind im Babyalter

Babys und Kleinkinder, das weiß man heute, sind sehr sensibel für Veränderungen. Das bedeutet, dass der Tod eines Geschwisterkindes auch in der Zeit der vorsprachlichen Entwicklung für das Kind wahrnehmbar ist. Und zwar einerseits als eine direkte Veränderung des unmittelbaren Alltags, andererseits als eine dramatische Veränderung im emotionalen Verhalten der Eltern.

Denn der Tod eines Kindes ist für viele Eltern das Schlimmste, was ihnen passieren kann. Und sich in dieser Zeit um ein anderes Kind kümmern zu müssen, lenkt nicht etwa davon ab, sondern vergrößert den Schmerz manchmal noch.

Obwohl Ihr Baby oder Kleinkind also vermutlich nicht bewusst begreift, was geschehen ist, sollten Sie versuchen, möglichst viel Unterstützung für sich selbst zu finden und auch anzunehmen. Denn Sie müssen jetzt trauern können und dürfen, wenn Ihnen danach ist.

Es ist keineswegs notwendig, das kleine Kind vollständig von Ihren Gefühlen der Trauer freizuhalten. Es wird auch kaum gelingen. Für die Entwicklung ist es jedoch günstig, trauerfreie Zeiten oder Zonen zu erzeugen. Der Tod eines Geschwisterkindes, ob vor oder nach der Geburt, prägt unweigerlich das Leben der Eltern und damit auch des überlebenden Kindes. Es ist vollkommen normal und unproblematisch, dem verstorbenen Kind Raum zu geben. Eltern sollten weder versuchen, so zu tun, als hätte es das Kind nie gegeben, noch sollten sie vor dem überlebenden Kind verheimlichen, dass sein Geschwisterkind gestorben ist.

Andererseits sollten Sie versuchen, darauf zu achten, das überlebende Kind nicht am Idealbild eines verstorbenen Kindes zu messen. Oder dem überlebenden Kind Aufgaben zu übertragen, die Sie mit dem verstorbenen Geschwisterkind verbinden. Kein Kind kann ein anderes ersetzen.

## WIE KÖNNEN SIE DEM GESTORBENEN KIND EINEN PLATZ IN DER FAMILIE GEBEN?

Sie können eine Erinnerungskiste für das verstorbene Kind anlegen und mit dem überlebenden Kind ansehen, wenn es Interesse zeigt. Und vielleicht besuchen Sie auch dann und wann oder an bestimmten Tagen das Grab des gestorbenen Kindes. Dorthin können Sie das überlebende Kind durchaus mitnehmen. Sie können auch zum Beispiel am Geburtstag zwei Kerzen anzünden oder zwei Mal das Geburtstagslied singen, für jedes Kind einmal.

# Geschwisterkind verstorben
## Kind im Kindergartenalter

Stirbt ein Geschwisterkind, hat dies häufig große Auswirkungen auf das gesamte Familiensystem. Denn erstens trauern alle, also die Eltern und die Kinder, sodass es oft schwerfällt, einander Unterstützung zu geben. Zweitens zerbricht mit dem Tod eines Geschwisterkindes eine unbewusste Annahme der Kinder über das eigene Leben. Man geht davon aus, dass auch Kindergartenkinder schon eine Vorstellung davon haben, den Rest ihres Lebens Seite an Seite mit diesem Menschen zu verbringen. Auch wenn Geschwister sich nicht immer gut verstehen, so sind es doch die einzigen Gleichaltrigen, zu denen man eine enge und eigentlich unkündbare lebenslange Beziehung hat. Drittens können sowohl die trauernden Eltern als auch die Umgebung – sprich die Großeltern, weitere Verwandte oder das soziale Umfeld der Familie – und die Kinder selbst bewusst und unbewusst Anforderungen aus dem Tod eines Kindes ableiten. Vielleicht versuchen die Überlebenden dann, immer brav zu sein, um den Eltern nicht noch mehr Kummer zu bereiten. Oder sie rebellieren, um auf sich aufmerksam zu machen. Möglicherweise hatte das verstorbene Kind bestimmte Eigenschaften, vielleicht war es besonders freundlich, besonders klug, besonders durchsetzungsstark. Es kann passieren, dass dies nun von dem überlebenden Kind »gefordert« wird. Das bedeutet, das überlebende Kind kann entweder von sich aus das Gefühl haben, das verstorbene Kind ersetzen zu müssen. Oder es wird tatsächlich in gewissem Maß erwartet. Das kann auch unabsichtlich passieren, wenn das verstorbene Kind idealisiert wird – »XYZ hätte das nie gesagt, immer den Spinat aufgegessen, sich nicht so dreckig gemacht«.

## TRAUER UND ÄNGSTE ZULASSEN

Stirbt ein Geschwisterkind, verursacht dies bei Kindern im Kindergartenalter fast mehr Angst als Trauer. Denn das Gefühl der Verunsicherung und auch die Überlegung, »das hätte ich sein können«, sind sehr intensiv. Diese Kinder machen häufig einen Entwicklungsschritt zurück (»Regression«) und möchten zum Beispiel wieder Windeln tragen, klammern sich an die Eltern, wollen abends nicht allein einschlafen und Ähnliches. Das ist für Eltern, die ja selbst trauern, oft kaum auszuhalten. Für die Kinder ist es jedoch hilfreich, wenn sie ihre Gefühle auf ihre eigene Weise und in der ihnen gemäßen Zeit ausleben können.

Sind Eltern davon überfordert, senden sie oft bewusst oder unbewusst das Signal: Sei still, stör nicht, hör auf damit, sei jetzt ruhig und brav! Weil Kinder gern geliebt werden möchten, halten sie sich daran. Doch dafür müssen sie ihre Trauer – oder zumindest einen Teil davon – verdrängen. Das erschwert entweder die kindliche Entwicklung oder bricht sich später im Leben Bahn.

Die Lösung kann jedoch auch nicht darin bestehen, dass Sie

Ihre eigene Trauer zugunsten eines »Funktionierens« zurückstellen. Deshalb sollten Sie versuchen, sich Unterstützung zu holen, entweder für sich selbst oder für Ihre Kinder, am besten für beide.

## SICH HELFEN LASSEN

Kindern geht es mit einem regelmäßigen und stabilen Alltag am besten. Wenn Sie also organisieren können, dass diese zur Kinderbetreuung gebracht und dort wieder abgeholt werden, zum Sport oder zum Musikunterricht, dass es Abendessen gibt und jemand vorliest, wäre das wunderbar.

Auch Sie selbst benötigen vermutlich Unterstützung. Ob diese eher in dinglichen Alltagshilfen besteht oder im menschlichen Zusammensein, müssen Sie ausprobieren. Jede Hilfe, die Sie annehmen, hilft zugleich Ihrem Kind.

Oft verspüren Kinder nach einem Todesfall recht schnell das Bedürfnis, wieder den Kindergarten zu besuchen – und Erwachsene, zur Arbeit zu gehen. Das ist völlig in Ordnung, denn Trauernde brauchen dringend trauerfreie Räume, in denen das Leben ganz normal weitergeht. Das gibt Halt und verheißt eine Zukunft.

## »GUT GENUG« IST GUT GENUG

Kinder im Kindergartenalter erschließen sich vieles über Fragen. Die sind für Erwachsene nicht immer nachvollziehbar oder rücksichtsvoll. Lassen Sie sich davon möglichst nicht erschrecken, sondern antworten Sie kurz und altersgerecht, so gut es Ihnen gelingt.

Elternsein heißt nicht, alles immer richtigzumachen, sondern es heißt, dass es völlig ausreicht, es meist gut genug hinzukriegen. Trauerzeit ist definitiv ein Moment, in dem »gut genug« genügt.

Kinder wechseln von Trauer zu Freude zu Neugier zu Spiel zu Trauer zu Wut zu Heiterkeit zu ... Das ist ein guter und gesunder Umgang mit Emotionen. Man nennt dies »Pfützentrauern«, weil die Kinder in die Trauer hinein- und wieder herausspringen wie in Pfützen bei einem Spaziergang.

## TÖPFERN GEGEN TRAUER

Es ist eine große Erleichterung gerade für junge Kinder, wenn die Traurigkeit buchstäblich erfassbar wird. Wenn sie also malen oder basteln können. Vielleicht besteht die Möglichkeit, ein Bild in den Sarg zu legen, diesen zu verzieren oder die Trauerfeier mitzugestalten. Auch eine Erinnerungsecke in der Wohnung oder im Haus oder eine Erinnerungskiste können helfen, wenn die Trauer kommt. Dann kann man eine Kerze anzünden und Fotos anschauen oder einander von dem gestorbenen Kind erzählen.

Später im Leben wird Ihr Kind vermutlich immer wieder Fragen haben und wissen wollen, wie das Geschwisterkind war, welche Eigenschaften es hatte. Das gemeinsame Erzählen und Erinnern schaffen einen Platz in unserem Leben für die Menschen, die gestorben sind.

# Geschwisterkind verstorben
# Kind im Grundschulalter

Im Grundschulalter wird von Kindern bereits viel Vernunft erwartet. Doch abstrakte Konzepte wie der Tod sind in diesem Alter noch nicht fassbar. Dafür greifen die Kinder manchmal auf sogenanntes »magisches Denken« zurück: Sie glauben fest daran, mithilfe ihrer Gedanken die Welt beeinflussen zu können. Das kann bedeuten, dass sie der Ansicht sind, alles würde gut werden und das verstorbene Geschwisterteil wieder lebendig, wenn sie nur brav genug wären oder mutig genug oder das Zimmer ordentlich aufräumen oder in der Schule gut aufpassen würden. Umgekehrt kann es auch heißen, dass Ihr Kind der Überzeugung ist, der Bruder oder die Schwester wäre nur gestorben, weil die Kinder Streit hatten: »Ich wünschte, du wärst tot!« ist in dem Alter schnell gedacht oder gesagt.

Der Tod eines Geschwisterkindes verursacht oberflächlich betrachtet weniger organisatorische Unruhe in der Familie als der Tod eines Elternteils. Für ein Kind ist er aber mindestens genauso tragisch. Aus mehreren Gründen:

- Der Tod eines Geschwisterteils trägt in sich die Alternative: »Das hätte auch ich sein können.« Die eigene Sterblichkeit wird damit sehr früh auf beängstigende Weise real.
- Mit dem Tod eines Geschwisterkindes verliert das Kind den nächsten Vertrauten oder die nächste Vertraute. Niemand, nicht einmal die Eltern, war ihm oder ihr so nah, kannte ihn oder sie so gut. Das kann zu einer intensiven Welle der Einsamkeit führen.
- Auch Grundschulkinder wissen, dass alte Menschen irgendwann sterben. Sie erfassen noch nicht die vollständige Bedeutung dieser Tatsache. Aber sie sind unbewusst immer davon ausgegangen, dass sie Seite an Seite mit ihrer Schwester oder ihrem Bruder durchs Leben gehen würden. Stirbt ein Kind, wird nicht nur für die Eltern die Generationenfolge beschädigt, sondern auch für die Geschwister.
- Durch den Tod eines Kindes entsteht eine Lücke im Familiensystem. Diese lässt sich nicht schließen. Wir können bestenfalls versuchen, mit ihr leben zu lernen, den Verlust zu integrieren. Das ist nicht einfach, und oft verlieren Kinder daher in einem solchen Fall nicht nur ihre Schwester oder ihren Bruder, sondern zugleich auch noch die Eltern, da deren Schmerz so überwältigend groß ist, dass sie keine Zeit oder Kraft für das lebende Kind haben.
- Verstorbene werden in vielen Fällen idealisiert. Wie oft wird gesagt: »Man soll nicht schlecht über Tote reden.« Das kann beim Tod von Kindern dazu führen, dass die Geschwister mit einem unrealistischen Idealbild des verstorbenen Kindes verglichen werden – oder sich sogar selbst mit einer überhöhten Version des Geschwisterkindes vergleichen. Daran kann man nur scheitern.

## WAS SIE BESSER NICHT SAGEN SOLLTEN, OBWOHL ES VERMUTLICH TRÖSTEN SOLL

- »Wir sind so froh, wenigstens dich noch zu haben.« Oder: »Deine Eltern sind so froh, wenigstens dich noch zu haben.« Das erhöht den Druck auf das Kind, das Unglück der Eltern durch Wohlverhalten auszugleichen.
- »Jetzt ist es an dir, XYZs Träume wahr zu machen.« Das projiziert die Zukunft des verstorbenen Kindes auf das überlebende.
- »XYZ hätte das nie getan!« Damit vergleicht man das überlebende Kind mit einem Idealbild des verstorbenen Kindes.
- »Jetzt wünschst du dir bestimmt, ihr hättet weniger gestritten!« Dies gibt dem Kind implizit Schuld am Tod des Geschwisterteils.
- »XYZ ist nun im Himmel/an einem besseren Ort/geht es jetzt viel besser als hier.« All das sagt eigentlich aus, dass das Leben mit dem Kind ziemlich mies war, jedenfalls schlimmer als Totsein.

## WAS IHREM KIND VERMUTLICH GUTTUT

- Sätze wie: »Wir sind momentan sehr traurig. Und du wahrscheinlich auch. Wir können diese Gefühle gerade nicht ändern, aber wir sind für dich da, setz dich zu uns, wenn du möchtest.«
- Das verstorbene Geschwisterkind, wenn möglich, noch einmal zu sehen und zu berühren, vielleicht streicheln oder umarmen. Ihm einen Abschiedskuss geben
- einen Brief oder ein Bild in den Sarg legen
- gemeinsam den Sarg bemalen

- das (wiederholte) Anschauen von Bildern und Andenken
- eine Kerze für das verstorbene Geschwisterkind anzünden
- (gemeinsam erlebte) Geschichten erzählen, auch mehrfach. Gern auch heitere oder lustige Momente
- etwas für das verstorbene Geschwisterkind malen oder basteln
- gemeinsam an einen Ort gehen, den das verstorbene Geschwisterkind gern mochte
- Kinder im Grundschulalter haben viele Fragen. Manche möchten alles ganz genau wissen. Beantworten Sie die Fragen nach Ihren Möglichkeiten wahrheitsgemäß und altersgerecht. Man geht davon aus, dass Kinder nur das fragen, was sie auch verarbeiten können. Reflexantworten wie »Das verstehst du, wenn du mal groß bist« oder »Das ist kein Thema für kleine Kinder« schützen die Kinder nicht, sondern erzeugen nur Unsicherheit.

## REGRESSION, SCHULDGEFÜHLE

Nach traumatischen Ereignissen können Kinder in Verhaltensweisen der vorherigen Entwicklungsstufe zurückfallen. Vielleicht werden sie sehr anhänglich oder trotzig. Es ist auch möglich, dass sie wieder ins Bett machen. Das ist eine normale Reaktion. Die Kinder ducken sich sozusagen für den Moment vor dem Großwerden weg, denn das erscheint gefährlich. Sie fallen zurück in Verhaltensweisen einer Zeit, in der alles in Ordnung war. Bleiben Sie geduldig, diese Regression löst sich meist nach einigen Wochen oder Monaten von selbst auf.

Auch junge Kinder können bereits eine Überlebensschuld ausbilden. Sie fragen sich bewusst oder unbewusst: Warum er/sie und nicht ich? Und haben dann ein schlechtes Gewissen, dass sie überlebt haben. Das erschwert den Aufbau von engen zwischenmenschlichen Bindungen. Wenn Sie den Eindruck haben, dass Ihr Kind auch nach längerer Zeit darunter leidet, noch am Leben zu sein, sprechen Sie es behutsam, aber direkt darauf an. Auch wenn es schwerfällt: »Wenn ein Geschwisterkind stirbt, denken manche Kinder, es wäre besser gewesen, sie wären gestorben. Ist das bei dir vielleicht auch so?«

## WANN IST DIE TRAUER ENDLICH VORBEI?

Trauer nimmt erfahrungsgemäß mit der Zeit ab. Je mehr Raum sie zu Anfang einnehmen darf, desto besser gelingt meist die Integration ins Leben. Denn die Trauer verschwindet nicht. Der Verlust bleibt. Und es ist gut möglich, dass Ihr Kind zu bestimmten symbolischen Zeitpunkten aus dem Leben des verstorbenen Geschwisterkindes (zum Beispiel dessen Schulabschluss, eigener Schulabschluss, erste große Liebe) wieder neu trauert. Denn erst dann fällt der Verlust auf, zum Beispiel keinen großen oder kleinen Bruder im Publikum der Abschlussfeier sitzen zu haben oder Freude und Kummer der ersten Beziehung nicht der großen oder kleinen Schwester anvertrauen zu können.

Trauer ist den meisten Menschen unangenehm, und wir behandeln sie häufig wie eine ansteckende Krankheit. Daher versuchen wir gern, sie zu verdrängen: »Denk einfach nicht an XYZ, dann geht es dir bald wieder besser!« Doch das verneint die faktisch vorhandenen Emotionen und sorgt dafür, dass wir etwas fühlen, aber gleichzeitig die Information erhalten, es sei falsch, so zu fühlen. So eine kognitive Dissonanz ist schwer auszuhalten.

In der Praxis hat sich gezeigt, dass es besser ist, dem verstorbenen Geschwisterkind Raum in der Familie und im Alltag zu lassen, es nicht zu vergessen und auch nicht zu idealisieren. Das bedeutet, das lebende Kind nicht mit dem verstorbenen zu vergleichen (»XYZ hätte das nie gesagt, sicher mehr für die Schule getan, war nicht so frech ...«). Und andererseits können Sie zum Beispiel eine »Erinnerungskiste« zusammenstellen und am Geburtstag oder an Jahrestagen gemeinsam anschauen. Oder Sie richten eine Erinnerungsecke ein, mit einer Kerze, einem Bild, einem Lieblingsgegenstand.

# Geschwisterkind verstorben
## Teenager, Jugendliche und junge Erwachsene

Weder Trauer noch Beziehungsnähe lassen sich vergleichen, doch für Kinder dieser Altersgruppe ist der Tod eines Geschwisterkindes meist ebenso schlimm wie der eines Elternteils. Denn das eigene Überleben hängt nicht mehr von den Eltern ab.

Mit dem Tod eines Geschwisterkindes zerbricht eine grundlegende Annahme über die Zukunft, die lautete: Ob wir wollen oder nicht, wir werden den Rest unseres Lebens gemeinsam verbringen.

Das führt zu Recht zu einer großen Verunsicherung, denn wenn diese Annahme nicht stimmt, worauf kann man sich eigentlich verlassen? Das Ergebnis dieser Überlegung ist leider: nicht viel. In Kombination mit den hormonellen Veränderungen in der Pubertät sowie den allgemeinen Unsicherheiten der Teenagerzeit ergibt sich ein massives Gefühlschaos.

Ist man von seinen Emotionen überfordert, bleiben meist nur zwei Optionen: sich in sie hineinfallen und von ihnen mittragen lassen oder sich verweigern und sie verdrängen.

Manche Teenager und Jugendliche fallen daher in ein dunkles Loch und wissen nicht, wie sie daraus je wieder herauskriechen sollen. Andere »funktionieren« einfach wie bisher oder sogar noch besser, weil das Halt gibt. Die meisten springen zwischen diesen Polen hin und her.

## DOPPELTE TRAUER, DOPPELTER VERLUST

Als wäre das alles nicht komplex genug, sind auch noch die Eltern betroffen und trauern selbst. Eltern können ja in der Pubertät der Kinder sowieso nicht das Richtige tun, sondern nur versuchen, möglichst wenig falsch zu machen. Fehlt dazu jede Kraft, wird es für alle Beteiligten sehr schwierig. Das bedeutet: In einer solchen Situation verliert der Teenager häufig nicht nur ein Geschwisterkind, sondern auch die Eltern an die Trauer, und die Eltern verlieren nicht nur ein Kind, sondern zwei.

Daher sollten Sie unbedingt Hilfe in Anspruch nehmen. Sehr bewährt haben sich Trauergruppen. Sie bieten Gespräche und Gruppen für die ganze Familie, aber auch für einzelne Familienmitglieder. Obwohl man das vorher nicht unbedingt erwartet, ist es letztlich doch meist eine Entlastung, andere Menschen zu treffen, denen es ähnlich geht und mit denen man über das eigene Erleben reden kann, aber nicht reden muss.

## ERLEICHTERUNG DURCH WISSEN

Teenager und Jugendliche profitieren in Zeiten der Trauer von einer stabilen Alltagsumgebung. Je mehr Sie sie aufrechterhalten können, gern auch mit Unterstützung durch Familie und Freunde, desto besser.

Man geht heute davon aus, dass alle Menschen, auch Teenager, schwierige Situationen letztlich aus eigener Kraft meistern können. Hart wird es, wenn auf einen Schicksalsschlag noch ein zweiter folgt, es also zum Beispiel nach dem Tod eines Kindes noch zur Trennung der Eltern kommt. Spätestens dann ist es an der Zeit, professionelle Hilfe (Vertrauenslehrer, Trauerbegleiter, Therapie) zumindest vorzuschlagen.

Intensive Trauer kann bei Jugendlichen auch zu Regressionen (Rückschritten in der Entwicklung) führen, insbesondere zu Bettnässen. Das ist vielen Jugendlichen peinlich, daher ist es für sie eine große Erleichterung, wenn Sie sie darüber informieren, dass dies häufig passiert und sich meist von allein wieder legt.

## Nachbar oder Freund der Familie verstorben
## Kind im Babyalter

Auf die Entwicklung und das Befinden des Kindes wird ein solcher Todesfall wahrscheinlich kaum oder keine Auswirkungen haben. Denn auch die Trauer der Eltern wird vermutlich nicht so groß sein wie beim Tod eines engen Familienmitgliedes. In der Zeit der vorsprachlichen Entwicklung hat der Gemütszustand der Eltern natürlich Auswirkungen auf die Zufriedenheit und auch die Entwicklung der Kinder. Es gibt keinen Grund zu der Annahme, dass Kinder durch zeitweise Trauer der Eltern Schaden nehmen würden. Sind Sie jedoch sehr betroffen, weil die Beziehung sehr eng war oder aus anderen Gründen, und Ihre Trauer ist sehr intensiv oder lang anhaltend, dann könnten Sie versuchen, einen gewissen Ausgleich für Ihr Kind zu schaffen. Entweder, indem Sie trauerfreie Zeiten einrichten, wenn möglich, oder indem Sie Unterstützung suchen und annehmen.

Die meisten Menschen können Trauer aus eigener Kraft bewältigen, und bei Trauerfällen im Bekanntenkreis ist im Regelfall keine Beeinträchtigung für die Kinder zu erwarten.

# Nachbar, Erzieher oder Freund der Familie verstorben
## Kind im Kindergartenalter

Der Tod eines Nachbarn bzw. einer Nachbarin oder eines Freundes bzw. einer Freundin der Familie berührt Kindergartenkinder nur indirekt – nämlich über *Ihre* Trauer. Die kann unterschiedlich groß und intensiv sein, je nachdem, wie viel die Person Ihnen bedeutet hat.

Sofern es sich nicht um einen sehr engen Freund handelt, wird Ihre Trauer und Erschütterung vermutlich gar nicht groß bis zu Ihrem Kind durchdringen.

Sind Sie selbst sehr mitgenommen, dann sollten Sie sich, wenn möglich, kurzzeitige Unterstützung organisieren (so als lägen Sie mit Fieber oder einem Beinbruch im Bett) und den Alltag für Ihr Kind möglichst unverändert weiterlaufen lassen.

Früher wollte man Kinder so lange wie möglich von »schwierigen« Themen wie Trauer und Tod fernhalten und sie auf diese Weise »schützen«. Wenn sie fragten, warum zum Beispiel ein Elternteil häufig weine, erhielten sie zur Antwort: »Das geht dich nichts an«, »Stell nicht so dumme Fragen«, oder bestenfalls: »Das verstehst du, wenn du größer bist.« All das verursacht jedoch weit mehr Angst und Unsicherheit als eine offene, ehrliche Antwort: »Ich bin sehr traurig, weil ein guter Freund von mir gestorben ist. Ich werde ihn nie wiedersehen und vermisse ihn.«

Selbst wenn das Kind keine genaue Vorstellung davon hat, was Totsein bedeutet, wird ihm klar: Das Problem hat nichts mit mir zu tun, mein Elternteil »kümmert sich darum«, ich muss mir keine Sorgen machen.

## STIMMUNGSLAGE

Der Tod einer Erzieherin oder eines Erziehers aus dem Kindergarten wird *Sie* vermutlich weniger berühren – Ihr Kind aber möglicherweise umso mehr. Denn erstens wird die Zuverlässigkeit von Beziehungen zu Betreuungspersonen infrage gestellt, und zweitens sorgt eine solche Situation für große Unruhe in der gesamten Einrichtung.

Sie können davon ausgehen, dass Erzieher in der Ausbildung gelernt haben, problematische Einflüsse aus übergeordneten Lebensbereichen vom Alltagsbetrieb fernzuhalten. Trotzdem wird einige Zeit eine gedämpfte und vielleicht zugleich aufgeregte Stimmung herrschen. Grundsätzlich geht man heute davon aus, dass es nicht nötig und auch gar nicht sinnvoll ist, Kinder von den Themen Tod und Trauer fernzuhalten. Möglicherweise werden diese also in der Betreuungseinrichtung akut oder langfristig thematisiert, zum Beispiel in Form von Gesprächen sowie durch kreative Arbeiten, Lieder, Theaterstücke oder auch Ausflüge und die Beobachtung der Natur. Das muss Ihnen keine Sorge bereiten, im Gegenteil: In dieser Zeit begegnen Kinder allen Themen mit großer Aufmerksamkeit und Offenheit. Pädagogen empfehlen mittlerweile sogar thematische Einheiten zu Tod und Trauer gerade in dieser Entwicklungsphase, weil damit der Themenkomplex enttabuisiert wird und die Kinder dann später im Leben mit den zwangsläufig auftretenden Trauersituationen viel besser klarkommen.

Sie können und sollten die ausgebildeten Erzieher also ihre Arbeit machen lassen.

## NEUE ÄNGSTE

Manche Kinder allerdings fragen sich nach dem Tod einer erwachsenen Bezugsperson (sachlich ja auch zu Recht): Wenn eine Erzieherin oder ein Erzieher aus dem Kindergarten tot umfallen oder überfahren werden kann – dann könnte doch auch das Leben von Mama oder Papa in Gefahr sein.

Bis dieser Gedanke erstmals auftritt, halten Kinder ihre Eltern vermutlich für unsterblich. Jedenfalls gehen sie wohl unhinterfragt davon aus, Eltern würden natürlicherweise einfach immer da sein.

Der Tod eines Erziehers oder einer Erzieherin *kann* also die Sorge auslösen, dass die Eltern sterben. Angepasst an die Gegebenheiten könnten Sie zum Beispiel sagen:

- Ja, auch Mama und Papa werden irgendwann sterben. Das ist richtig. Aber das wird noch lange dauern. Die meisten Menschen sterben erst, wenn sie sehr alt sind. Was XYZ passiert ist, passiert nur sehr selten.
- Ich glaube, das wird noch lange dauern. Und wenn doch, dann sind da immer noch Oma und Opa / deine Tante und dein Onkel / deine Patentante und dein Patenonkel, die sich um dich kümmern werden.

Es beruhigt besorgte Kinder, wenn Sie wortwörtlich »auf Augenhöhe« mit ihnen sprechen, sich also hinsetzen oder in die Hocke gehen. Und für viele Kinder lindert es ebenfalls die Angst, wenn Sie sie sanft berühren oder in den Arm nehmen.

Das entscheidende Element Ihrer Antwort besteht darin, nicht zu versuchen, die unerfreulichen Themen Tod und Trauern wegzuschieben, sondern für einen Moment anzuerkennen: Du machst dir Sorgen, und das ist auch verständlich.

# Nachbar, Lehrer, Freund der Familie verstorben
## Kind im Grundschulalter

Stirbt ein Nachbar oder ein Freund der Familie, wird das auf Ihr Grundschulkind vermutlich keine großen Auswirkungen haben. Denn das Kind hat ja zu diesen Personen keine umfangreiche eigene Beziehung. Wenn überhaupt Konsequenzen für Ihr Kind entstehen, dann durch Ihre eigene Trauer. Ist der Verlust für Sie selbst sehr groß, beispielsweise weil es sich um einen dramatischen Unfall oder um eine sehr enge Freundin handelt, sollten Sie versuchen, für sich selbst Unterstützung zu organisieren, um den Alltag des Kindes möglichst unverändert weiterlaufen zu lassen.

Es besteht kein Anlass dazu, Ihrem Kind den Grund Ihrer Trauer zu verheimlichen. Im Gegenteil. Früher dachte man, es wäre besser, Kinder von den Themen Trauer und Tod fernzuhalten, um sie zu schützen. Man sagte also Dinge wie: »Das verstehst du, wenn du älter bist« oder gleich: »Das geht dich nichts an.« Doch viel entlastender ist für ein Kind die Information: »Ich bin gerade sehr traurig, weil XYZ gestorben ist. Ich habe ihn sehr gemocht, und nun werde ich ihn nie wiedersehen. Aber mach dir keine Sorgen. Mit der Zeit wird es mir wieder besser gehen.«

## EHRLICH ANTWORTEN

Größere Auswirkungen auf Kinder kann der Tod eines Lehrers oder einer Lehrerin haben. Davon bekommen Sie vermutlich weniger mit, denn Sie gehen ja nicht mehr zur Schule. Doch das System dort wird durch einen überraschenden Todesfall menschlich wie organisatorisch erschüttert. Es herrscht für einige Tage Unruhe, Stunden müssen übernommen und vertreten werden.

Zudem kann für Ihr Kind der Gedanke aufkommen: Wenn erwachsene Lehrerinnen und Lehrer sterben können – dann vielleicht auch meine Eltern?

Wird die Frage gestellt, sollten Sie diese nicht abwehren, weil Ihnen das Thema Tod so unangenehm ist.

Statt zu sagen: »Ach, so ein Quatsch, hör doch auf!«, könnten Sie antworten:

- Ja, auch wir werden irgendwann sterben. Das stimmt. Aber wahrscheinlich dauert das noch sehr lange. Die meisten Menschen sterben erst, wenn sie sehr alt sind. Was XYZ passiert ist, geschieht nur sehr selten.
- Wir werden bestimmt noch sehr lange leben. Und falls doch nicht, gibt es noch deine Großeltern/deine Tante und deinen Onkel/deine Patentante und deinen Patenonkel, die sich um dich kümmern. Das ist dann sehr traurig, und ich hoffe, dass es nicht passiert, aber trotzdem ist für dich gesorgt.

Es beruhigt Kinder, wenn Sie wortwörtlich »auf Augenhöhe« mit ihnen sprechen, sich also hinsetzen oder in die Hocke gehen. Und für viele Kinder lindert es ebenfalls die Angst, wenn Sie sie sanft berühren oder in den Arm nehmen.

Das entscheidende Element Ihrer Antwort besteht darin, nicht selbst zu versuchen, die unerfreulichen Themen Tod und Trauern wegzuschieben, sondern für einen Moment anzuerkennen: Du machst dir Sorgen, und das ist auch verständlich.

## Nachbar, Lehrer, Freund der Familie verstorben
## Teenageralter, Jugendliche und junge Erwachsene

Für Kinder in dieser Altersgruppe ist bereits klar, dass Menschen sterben, und ihnen ist auch bewusst, dass ihnen Nachbarn, Lehrer oder Freunde der Eltern weniger nahestehen als Verwandte. Daher können sie sich gut abgrenzen von dieser Trauer bzw. werden meist selbst keine Trauer empfinden, höchstens Mitgefühl mit Ihnen oder anderen Hinterbliebenen.

Bei Lehrern, die das Kind sehr mochte, kann das anders sein. Dennoch hat meist die organisatorische Konsequenz (»Welchen Lehrer bekomme ich jetzt?«) Vorrang.

Es ist möglich, aber nicht besonders wahrscheinlich, dass ein solcher Todesfall für das Kind Fragen über Leben und Tod, Sinn und Zweck unseres Handelns oder die grundsätzliche Sicherheit im Alltag aufwirft. Ist dies der Fall, sollten Sie diese ehrlich und geduldig beantworten, so gut es Ihnen möglich ist. Auch dann, wenn sich die Fragen und Diskussionen wiederholen oder Ihnen bereits geklärt scheinen. In der Pubertät sind für viele Themen mehrere Runden nötig, das ist ganz normal.

## IHRE EIGENE TRAUER

Je nachdem, wie nah *Sie* Ihrem Nachbarn bzw. Ihrer Nachbarin oder dem Freund bzw. der Freundin standen, kann Ihre eigene Trauer oder Ihr eigener Schock groß sein. Erklären Sie dies am besten ungefragt Ihrem Kind. Denn Jugendliche beziehen das Verhalten anderer schnell auf sich. Sie könnten zum Beispiel sagen: »Ich bin sehr traurig, weil XYZ gestorben ist. Ich weiß noch gar nicht, wie ich damit klarkommen soll. Aber mit dir hat das nichts zu tun, zwischen uns ist alles in Ordnung. Nur falls ich in den nächsten Tagen oder Wochen mal anders wirke als sonst – dann weißt du jetzt, warum.«

Bemühen Sie sich, den Alltag möglichst unverändert weiterlaufen zu lassen. Das ist bei Teenagern meist kein großes Problem mehr, weil sie vieles bereits allein erledigen. Häufig besteht die Aufgabe der Eltern nur noch darin, den Kühlschrank zu füllen und vor Klassenarbeiten die Daumen zu drücken.

Sind Sie sehr traurig oder hält die Trauer lange an oder kehrt nach einiger Zeit zurück, dann erzählen Sie gern Ihrer Familie und auch Ihrem Kind davon. Das hat zwei Vorteile: Es erleichtert Ihnen den Trauerprozess – und es normalisiert für Ihr Kind den Umgang mit Trauer. »Normalisieren« bedeutet, dass Dinge durch Vorleben als normal angesehen werden. Das heißt, wenn Ihr Kind später selbst einmal trauert, wird es unbewusst wahrscheinlich Ihrem Vorbild folgen und die Trauer nicht in sich hineinfressen und verschweigen, sondern mit anderen darüber sprechen.

Nicht vergessen: Sie kennen das ja vermutlich schon von Ihrem pubertierenden Kind – ihm etwas zu »erzählen« heißt nicht, ausführlich das Herz auszuschütten, eine Schulter zum Anlehnen zu haben, ein gutes Gespräch zu führen und tröstende Worte gesagt zu bekommen. Das ist alles auch gar nicht die Aufgabe Ihres Kindes. Sie halten Ihr Kind über Ihre emotionale Lage auf dem Laufenden. Und das geht am besten in zwei oder drei knappen Sätzen: »Mein Freund XYZ ist doch vor acht Monaten gestorben. Und heute ist sein Geburtstag, da musste ich wieder an ihn denken. Deshalb bin ich gerade traurig. Das wollte ich dir nur sagen, damit du weißt, was los ist.«

# Haustier verstorben
# Kind im Babyalter

Auch in diesem Fall ist keine Beeinträchtigung des Wohlbefindens oder der Entwicklung des Kindes zu erwarten – selbst wenn Sie sehr traurig sind über den Tod Ihres Haustiers. Die meisten Menschen können derartige Lebenskrisen aus eigener Kraft in angemessener Zeit gut bewältigen. Sie müssen Ihr Kind auch keineswegs vor Ihren Trauergefühlen schützen, solange sich diese in ausreichendem Maße abwechseln mit anderen Emotionen.

# Haustier verstorben
# Kind im Kindergartenalter

Für Kinder können Haustiere so viel bedeuten wie menschliche Freunde – manchmal sogar mehr. Folglich kann ihre Trauer über den Tod eines geliebten Haustiers entsprechend groß sein. Deshalb sollten Sie diese nicht kleinreden (»Es war doch nur ein Kaninchen …«) und auch das Tier nicht direkt durch ein neues ersetzen. Denn damit lindern Sie weder die Trauer Ihres Kindes, noch unterstützen Sie es im Trauerprozess. Vielmehr schaffen Sie sich einzig und allein das als unangenehm empfundene Leid Ihres Kindes vom Hals. Das allerdings gehört nicht zu den typischen Erziehungsaufgaben.

Am besten helfen Sie Ihrem Kind, wenn Sie es traurig sein lassen, wenn Sie sich Zeit nehmen können, diese Trauer mit ihm zu teilen, wenn Sie es darin bestärken und unterstützen, die intensiven Emotionen zu verarbeiten. Durch Rituale, durch Bastelarbeiten, durch Gespräche.

Die meisten Menschen können Trauer aus eigener Kraft in einer angemessenen Zeit bewältigen – und das gilt auch für

Kinder. Unsere Aufgabe als Erwachsene besteht darin, in dieser Zeit einen möglichst sicheren Rahmen bereitzustellen und alle Fragen, so gut es geht, zu beantworten.

# Haustier verstorben
# Kind im Grundschulalter

Für viele Kinder ist der Tod eines Haustiers die erste Begegnung mit dem Tod. Außerdem ist ihre Beziehung zu dem Tier oft sehr viel enger, als wir Erwachsene uns das vorstellen können oder in Erinnerung haben. Kinder können jedoch die Trauer über den Tod ihres Haustiers im Normalfall aus eigener Kraft in einer angemessenen Zeit verarbeiten. Sie müssen sich also keine Sorgen machen, sondern einfach nur Raum lassen für die intensiven Gefühle. Vor allem sollten Sie darauf verzichten, das Tier schnellstmöglich durch ein neues zu ersetzen. Damit helfen Sie Ihrem Kind nicht, sondern schaffen sich bloß selbst die unangenehmen Gefühle Ihres Kindes vom Hals. Sie vermitteln also: »Sei nicht traurig, das mögen wir nicht. Hier, lenk dich ab, denk an etwas anderes.« Und beim nächsten Trauerfall hat Ihr Kind das dann verinnerlicht und verdrängt seine Trauer. Genau das sollte jedoch nicht passieren.

# Haustier verstorben
# Kind im Teenageralter, Jugendlicher oder junger Erwachsener

Es gibt Eltern, die schaffen ein Haustier auch deshalb an, weil der Tod des Tiers für das Kind dann eine Art »Übung« im Abschiednehmen sein soll. Einerseits kann man Trauer nicht vergleichen, andererseits sind manche Verluste eben doch schwerwiegender als andere: Der Tod eines Elternteils ist meist schlimmer als der eines Großelternteils. Der Tod einer Tante oder eines Onkels ist wahrscheinlich nicht so bedrückend wie der eines Geschwisterkindes.

So traurig also der Tod eines Haustiers ist, Teenagern ist schon bewusst, dass es »nicht so schlimm« ist. Sie wissen nur manchmal nicht so recht, was sie mit diesem Satz anfangen sollen. Heißt es: Stell dich nicht so an, es war ja nur ein Hund? Oder heißt es: Sieh dich vor, du ahnst ja nicht mal, wie viel schlimmer es im Lauf deines Lebens noch werden wird?

Teenager und Jugendliche wechseln ohnehin schnell die Stimmung, und so kann es also auch hier sein, dass sie an dem einen Tag Lumpi total vermissen, am nächsten keinen Gedanken mehr an das Tier verschwenden und am dritten sofort einen neuen Hund wollen. Alles normal.

Es ist pädagogisch nicht sinnvoll und auch nicht nötig, das verstorbene Tier möglichst schnell durch ein neues zu ersetzen. Das tun Eltern vor allem deshalb, weil sie weder die eigene noch die Trauer der Kinder aushalten wollen. Aber die Trauer ist wichtig, um wirklich zu verstehen: So, wie es war, wird es nicht wieder werden, und das Leben geht trotzdem weiter. Eine solche Entwicklung braucht Zeit.

Gut möglich, dass Ihr Kind das Tier früher sehr geliebt hat, jetzt aber nicht erkennbar trauert. Oder dass es völlig verstört wirkt und Sie gar nicht recht wissen, warum. Beides sind vollkommen normale Ausprägungen.

Kleintiere darf man im Hausmüll entsorgen oder auch im Garten vergraben. Für größere Tiere muss man eine Genehmigung beim Veterinäramt einholen. Alternativ kann bzw. muss man die Tierleiche in eine Tierkörperbeseitigungsanlage oder ein Tierkrematorium bringen oder dorthin bringen lassen. Man kann sie auch auf einem Tierfriedhof beisetzen. (Ja, man kann das tote Tier auch ausstopfen lassen und mit zur Arbeit ins Studio nehmen. Aber das sind Einzelfälle.)

## Freund, Mitschüler oder Cousine bzw. Cousin des Kindes verstorben Kind im Babyalter

Dieser Eintrag steht hier im Grunde nur der Vollständigkeit halber. Im Baby- und Kleinkindalter haben Kinder noch keine Freunde oder Mitschüler, und wenn entferntere Verwandte sterben, dann bekommen sie es auch nicht direkt mit. Das bedeutet, Ihr Kind hat in einem solchen Fall keinen eigenen Verlust empfunden. Es gilt aber natürlich: Wenn ein Todesfall in der Verwandtschaft oder im Freundeskreis Sie sehr mitnimmt, hat das auch Auswirkungen auf Ihr Kind. So wie alle Stimmungen der Eltern.

Wenn Sie den Eindruck haben, dass Ihre eigene Trauer außerordentlich groß ist, sollten Sie versuchen, Unterstützung zu finden und in Anspruch zu nehmen, um Ihrem Kind immer wieder auch fröhliche und unbeschwerte Zeiten zu ermöglichen.

# Freund, Mitschüler oder Cousine bzw. Cousin des Kindes verstorben

## Kind im Kindergartenalter

Man geht davon aus, dass Kinder im Kindergartenalter noch keine umfassende Vorstellung vom Sterben und vom Tod haben. Stirbt ein gleichaltriges Kind, wirft das für diese Kinder also gleich zwei Fragen auf:

- Was bedeutet es, tot zu sein? Und:
- Wenn XYZ gestorben ist – kann ich dann auch sterben?

Die erste dieser Fragen tritt bei allen Todesfällen auf. Sie lässt sich bearbeiten, indem Sie die vom Kind gestellten Fragen so gut es geht sachlich, gutwillig und eher kurz als lang beantworten. Möchte das Kind mehr wissen, wird es nachfragen. Antworten auf die häufigsten Fragen finden Sie im hinteren Teil dieses Buches.

Der Umgang mit der zweiten Frage ist schwieriger. Einerseits ist die Antwort eindeutig: Ja, wir alle sind sterblich. Andererseits gilt die Furcht vor dem Tod psychologisch betrachtet als die größte Angst. Junge Kinder verfügen noch nicht über ausreichende Mittel und Übung, mit dieser Angst umzugehen. Deshalb ist es möglich, dass sie den Todesfall scheinbar ignorieren oder verdrängen. Es sieht dann aus, als trauerten sie überhaupt nicht oder hätten vielleicht nicht recht verstanden, was geschehen ist. Es kann auch passieren, dass sie in tiefe Verunsicherung stürzen und sogar eine Regression zeigen, also in frühere Entwicklungszustände zurückfallen, zum Beispiel in die Hose oder ins Bett machen, wieder eine Windel brauchen, sehr anhänglich werden und klammern, weniger oder gar nicht mehr sprechen. Ebenso können sie Ängste vor alltäglichen oder bestimmten Situationen entwickeln, je nachdem, was und wie viel über die Todesursache bekannt ist und verstanden wird. Ist ein Kind beispielsweise bei einem Verkehrsunfall ums Leben gekommen, dann kann es passieren, dass Ihr Kind sich weigert, auf die Straße zu gehen.

## MAGISCHES DENKEN

Kinder im Kindergartenalter glauben häufig an »magisches Denken«, sie sind also der Überzeugung, wenn sie sich etwas nur intensiv genug wünschen oder wenn sie nur eine bestimmte Bedingung erfüllen würden (»Wenn ich nur brav genug bin«), dann würde etwas Magisches geschehen, zum Beispiel würde das verstorbene Kind wieder zum Leben erwachen. Oder sie machen sich Vorwürfe, dass sie mit dem verstorbenen Kind gestritten haben – weil sie glauben, das wäre die wahre Ursache des Todes.

Trauer zeigen junge Kinder häufig in schnellem Wechsel mit anderen Emotionen, auch positiven. Man nennt das »Pfützentrauern« – die Kinder springen hinein in eine Trauerpfütze und dann wieder heraus. Das ist normal und hilft beim Umgang mit der Intensität der Emotionen.

## WAS KÖNNEN SIE TUN?

Sie können Kinder im Kindergartenalter in einer solchen Situation unterstützen, indem Sie für einen möglichst ruhigen und gleichbleibenden Alltag sorgen. Das vermittelt Geborgenheit, in deren Rahmen die Verunsicherung erlebt und abgebaut werden kann.

Beantworten Sie alle Fragen altersgemäß und ehrlich. Bemühen Sie sich um Verständnis für Ihr Kind, egal wie dessen Reaktion ausfällt – und unabhängig davon, ob Sie diese für angemessen oder gar richtig halten. Sprechen Sie weiterhin von dem oder über das verstorbene Kind, wenn es sich anbietet. Zum Beispiel: »Mensch, auf die Fußballsaison/den neuen Film einer bestimmten Serie hatte sich XYZ so gefreut!« Das bietet Ihrem Kind Gelegenheit, über den Verlust zu sprechen. Denn Kindern erscheint es verwirrend und unnatürlich, wenn verstorbene Menschen auch noch totgeschwiegen werden, als hätten sie nie existiert. Daraus lernen sie: Über den Tod und Tote spricht man nicht – doch das sollen sie können und dürfen, wenn sie Bedarf haben!

Versichern Sie verängstigten Kindern geduldig und nicht genervt, dass es sich bei dem Todesfall um eine seltene Ausnahme handelt. Akzeptieren Sie eventuelle Rückschritte in der Entwicklung, und durchleben Sie diese Phasen mit Ihrem Kind erneut.

Sofern es sich nicht um ein möglicherweise traumatisches Erlebnis handelt (etwa, weil Ihr Kind den tödlichen Unfall mit angesehen hat), sondern »nur« um eine normale Information über einen Todesfall, wird es aller Wahrscheinlichkeit nach in der Lage sein, mithilfe der eigenen Ressourcen die Trauer und Verwirrung zu durchleben und zu klären.

# Freund, Mitschüler oder Cousine bzw. Cousin des Kindes verstorben
## Kind im Grundschulalter

Im Grundschulalter kennen Kinder zwar den Begriff »tot«, wissen aber noch nicht recht, was das genau bedeutet. Viele Kinder versuchen, Unbekanntes zu verstehen, indem sie lauter Fragen stellen. Nicht alle davon ergeben aus Sicht der Erwachsenen einen Sinn. Am besten beantworten Sie diese Fragen ruhig, geduldig und wahrheitsgemäß. Zugleich sollten Sie darauf achten, nicht zu weit auszuholen, sondern beim Thema zu bleiben. Wissen in kleinen Häppchen hilft dabei, Neues zu verarbeiten und zu verstehen.

Dass ein gleichaltriges Kind sterben kann, ist für Kinder im Grundschulalter verwirrend. Der Tod betrifft doch eigentlich nur alte Menschen oder Tiere. Stirbt ein Freund oder eine Freundin, jemand aus der Schulklasse oder auch ein verwandtes Kind im ähnlichen Alter, wird klar: Das hätte ich sein können!

Ein solcher Gedanke macht Kindern natürlich Angst, und auf Angst können sie in unterschiedlichster Weise reagieren. Vielleicht werden sie wieder kuscheliger, anhänglicher und ängstlicher, vielleicht fordern sie das Leben erst recht heraus, vielleicht ziehen sie sich zurück, vielleicht lassen sie Sie nicht mehr aus den Augen.

## UNTERSTÜTZUNG ANBIETEN

Früher ging man davon aus, dass Trauerfeiern für junge Kinder problematisch wären. Heute weiß man, dass diese Rituale beim Abschiednehmen helfen. Wenn also die Möglichkeit besteht, an den Trauerfeierlichkeiten teilzunehmen, sollten Sie dies mit Ihrem Kind tun, wenn es möchte. Allerdings sollten Sie das Kind zu nichts zwingen.

Je nachdem, wie eng die Beziehung zwischen den Kindern war oder wie eng die Beziehung zwischen Ihnen und den Eltern des verstorbenen Kindes ist, können Sie vielleicht auch die Familie im Trauerprozess unterstützen oder bei der Gestaltung der Trauerfeier helfen. Bieten Sie dies ruhig an, wenn die Beziehungsnähe es hergibt – die meisten Trauernden verlieren zusammen mit einem geliebten Menschen auch oft einen Teil ihres sozialen Umfelds. Vielleicht fällt es Ihnen schwer oder Sie kommen sich aufdringlich vor, wenn Sie einen entsprechenden Vorschlag machen, aber tun Sie es trotzdem. Sie nützen damit der hinterbliebenen Familie ebenso wie Ihrem Kind.

## SELBSTHEILUNGSKRÄFTE

Die meisten Menschen, Kinder eingeschlossen, können schwierige Situationen aus eigener Kraft verarbeiten. Voraussetzung dafür ist, dass sich solche Situationen nicht häufen und es ein einigermaßen stabiles soziales Umfeld gibt. Das bedeutet: Auch wenn wir Erwachsenen heftig zusammenzucken, wenn ein Kind stirbt, und uns vielleicht mehr als sonst um das eigene Kind sorgen, wird Ihr Kind mit der Situation höchstwahrscheinlich klarkommen. Vielleicht ist es mal sehr traurig, vielleicht mal sehr unsicher, vielleicht hat es Fragen oder erscheint Ihnen sogar gefühlskalt, weil es fröhlich und sorglos spielt. All dies – und vor allem der Wechsel zwischen den verschiedenen Emotionen – ist ganz normal.

# Freund, Mitschüler oder Cousine bzw. Cousin des Kindes verstorben

## Teenager, Jugendliche und junge Erwachsene

Vielleicht hatte der beste Freund Ihres Kindes einen Unfall. Oder die beste Freundin war lange krank. Möglicherweise ist jemand aus der Schulklasse gestorben, mit dem Ihr Kind wenig zu tun hatte, und Sie erfahren davon »nur nebenbei«.

Die Teenagerzeit ist für Eltern und Kinder nicht ganz einfach. Die Weltsicht der Kinder verändert sich, die Position Gleichaltriger wird wichtiger. Die Kommunikation zu den Eltern leidet. Es ist die Zeit der Regeln und Verbote, in der ständig verhandelt und nachverhandelt wird. Die Eltern geben Grenzen vor, gegen die Teenager gewöhnlich rebellieren.

Das ist sinnvoll, denn so können alle Beteiligten Schritt für Schritt miteinander und auch aneinander wachsen. Am Ende soll die Ablösung der Jugendlichen von den Eltern stehen. Sie sollen aus dem Haus streben und ein eigenständiges Leben führen.

Damit kleine Kinder laufen lernen, müssen sie sich aus den Armen der Eltern lösen. Um das zu wollen, müssen sie das Vertrauen entwickeln, dass sie zu den Eltern zurückkehren können. Dasselbe gilt für Teenager. Die Abgrenzung von den Eltern gelingt in einem fast tänzerischen Vor-und-Zurück leichter als im Zorn. Das Wegstreben wird ermöglicht durch den oft unbewussten Glauben an ein Zurückkommen-Können.

Obwohl viele Eltern frustriert sind und annehmen, ihr Kind würde sie hassen und voll und ganz ablehnen, ist genau dieses gesunde Aus-dem-Haus-Streben ein Zeichen für ein solides Grundvertrauen des Teenagers in das Zuhause und die Welt und darin, dass eigentlich alles in Ordnung ist.

Dass der Tod eines Familienmitglieds dieses Vertrauen infrage stellt, ist nachvollziehbar. Dass der Tod eines Freundes oder Mitschülers ähnlich wirkt, ist nicht ganz so offensichtlich. Denn das Verhältnis war wahrscheinlich nicht so nah, und die eigene Zukunft ist nicht direkt betroffen – anders als zum Beispiel beim Tod des Hauptverdieners, der möglicherweise auch finanzielle Einschränkungen oder einen Umzug zur Folge hat.

Andererseits zerstört der Tod eines Gleichaltrigen das für Teenager typische Gefühl der Unverwundbarkeit. Hinauszuziehen in eine unbekannte Welt ist viel leichter, wenn man das Gefühl hat, es wird schon irgendwie gut gehen. Stirbt jemand, der im gleichen Alter ist wie man selbst, kommt keiner um den Gedanken herum: Das hätte auch ich sein können. (Genauso geht es übrigens der Elterngeneration, wenn spätestens Mitte vierzig die ersten Todesfälle im Freundes- oder Bekanntenkreis auftreten. Auf einmal ist die eigene Sterblichkeit ganz nah.)

## TOD NACH LANGER, SCHWERER KRANKHEIT

Wenn Kinder schwer krank werden, empfinden wir das intuitiv als ungerecht, weil ihnen doch noch viele Lebensjahre bevorstehen sollten. Sterben sie, wirft das Fragen auf wie: Warum darf so etwas geschehen? Wozu soll man sich überhaupt Mühe im Leben geben, wenn es einfach so vorbei sein kann? Warum ist das Leben nicht gerecht?

Diese Fragen stellen sich Gleichaltrige meist zum ersten Mal. Wir Eltern haben uns in der einen oder anderen Form schon mit ihnen auseinandergesetzt. Deshalb realisieren wir oft gar nicht die massive Erschütterung, die solche im Grunde nicht zu beantwortenden Fragen mit sich bringen, wenn sie erstmals bei unseren Kindern auftreten.

Stirbt eine Mitschülerin oder ein Freund nach einer langen, schweren Krankheit, können sehr unterschiedliche Emotionen auftreten: Enttäuschung, Frustration, Wut, Empörung. Aber auch Erleichterung, zum Beispiel darüber, dass die Person nicht mehr leiden muss, oder auch, dass der Teenager selbst nicht mehr dieser schwierigen Situation ausgesetzt ist. Das kann dann zu einem schlechten Gewissen führen – nach dem Motto: Wie kann ich so etwas nur denken? Und auch zu einer Überlebensschuld: Wieso darf ich leben und sie/er nicht? Daraus kann sich eine große Verunsicherung ergeben: Wenn wir alle dem Schicksal ganz und gar ausgeliefert sind, warum soll ich dann für Französisch lernen?

Und obwohl es für alle Beteiligten anstrengend ist, zeigen sich diese Emotionen nicht unbedingt in ruhigen, kontemplativen Momenten. Eher feuern sie den Dampfdrucktopf des Alltags noch an, sodass es in ganz unerwarteten Augenblicken zu Wutausbrüchen, tiefer Trauer oder Angst und Panik kommen kann.

## UNERWARTETER TODESFALL

Wie alle Menschen können auch Teenager unerwartet zu Tode kommen. Durch Unfälle, Verbrechen, unerwartete körperliche Probleme oder auch Selbsttötung. Die Abruptheit solcher Situationen kann Teenager zutiefst verunsichern. Wenn es gestern XYZ »erwischt« hat, könnte – logisch richtig – heute ich »dran« sein.

Die Nachricht eines unerwarteten Todes ist immer ein Schock, nach dem wir uns erst einmal wieder beruhigen müssen.

Ein Tod durch Gewalteinwirkung, wie zum Beispiel einen Unfall, Verbrechen, Suizid, ist besonders ungewöhnlich und erschreckend. Auch weil er im Gegensatz zum Tod nach langer, schwerer Krankheit nicht mit einer Erlösung vom Leid in Bezug gesetzt wird (und damit wenigstens einen positiven Aspekt hätte), sondern mit Schmerz und Unfreiwilligkeit. Das gilt auch für Suizid, denn grundsätzlich gehen Teenager bei allem Weltschmerz doch davon aus, alle sollten leben wollen. Wer sich selbst das Leben nimmt, wollte das zwar offenbar in einem gewissen Sinne, hätte es aber besser nicht wollen sollen.

Die Erkenntnis ist nicht von der Hand zu weisen: Das hätte ich sein können.

## WAS SIE SAGEN ODER TUN KÖNNEN

Schaffen Sie Raum, um von der Person und den Umständen zu erzählen. Stellen Sie konkrete Fragen wie: »Kanntest du XYZ gut? Erzähl mir von ihr/ihm, wenn du magst.« Oder: »Es ist sehr traurig, dass XYZ tot ist. Ich kann mir vorstellen, dass du viele ganz unterschiedliche Dinge fühlst. Wenn du möchtest, kannst du mir davon erzählen.« Oder: »Es tut mir leid, das zu hören. Vielleicht verunsichert dich das auch selbst, weil XYZ ja in deinem Alter war. Mir würde es wahrscheinlich so gehen. Wenn du möchtest, kannst du mir davon erzählen.«

Wenn Sie dafür gerade keine Zeit finden können, holen Sie es bei nächster Gelegenheit nach. Bitte nur Gesprächsangebote machen, wenn Sie diese auch einlösen können. Sonst kommt als Lektion rüber: Darüber wollen wir *in Wahrheit* lieber nicht sprechen.

Wenn Sie in der Zeit danach an das verstorbene Kind denken, sagen Sie es. Das verschafft Ihrem Sohn oder Ihrer Tochter die Möglichkeit, zu berichten, was ihn oder sie bewegt. Es macht auch deutlich, dass der Tod nicht »totgeschwiegen« werden muss und dass das verstorbene Kind nicht einfach weg ist, sondern erinnert wird.

Auch in den Tagen oder Wochen nach dem Todesfall kann es zu emotionalen Ausbrüchen kommen, wie immer. Es ist ohnehin gut, möglichst ruhig auf diese zu reagieren. Ruhig heißt nicht: desinteressiert, hochnäsig, abwertend oder abweisend. Es bedeutet, zu versuchen, die Angriffe so wenig persönlich zu nehmen, wie Sie es schaffen. Sich nicht ineinander zu verbeißen, sondern einander bei aller Gegensätzlichkeit verbunden zu bleiben. Nicht jeder Wutanfall und nicht alle Tränen sind auf den Tod des Freundes oder der Mitschülerin zurückzuführen. Sie könnten jedoch eine Rolle spielen. Aber Aussagen wie »Du bist nicht wütend, weil du um zehn zu Hause sein sollst, sondern weil XYZ tot ist«, sind so einfühlsam wie: »Warum heulst du, hast du deine Tage?« Ihre Aufgabe besteht nicht darin, Ihrem Kind von oben herab Deutungen seiner Gefühle zu verkünden, sondern einen sicheren Raum zu schaffen, damit es seine Gefühle leben kann.

Achten Sie auf eine Zunahme von Ängsten, (schulischer) Demotivation oder eine wütende Frustration über die Sinnlosigkeit des Lebens. Alles normale Teenager-Themen, die durch einen Todesfall unter ihresgleichen in den Vordergrund rücken können. Bemühen Sie sich, Raum für diese grundsätzlichen Themen zu schaffen, oder sprechen Sie sie sogar von sich aus an. Es kann natürlich sein, dass der Jugendliche gar keine Trauer zeigt. Auch darüber könnte man sprechen. Das kann nämlich völlig normal sein.

Vermeiden Sie den Versuch, Ihr Kind zu beschwichtigen, weil Ihnen das hilfreich erscheint: »Du kanntest XYZ ja gar nicht so gut«, »Ihr habt euch doch in der fünften Klasse sowieso immer nur gestritten«, »Du musst XYZ jetzt mal vergessen, von deinem Weinen wird er auch nicht wieder lebendig.« Mit solchen Sprüchen versuchen wir nur, unsere eigene Angst vor dem Tod in Schach zu halten. Und wir geben diese Kultur des Verdrängens an die nächste Generation weiter.

Heute weiß man jedoch, dass verdrängte Gefühle nicht verschwinden, sondern später anderswo wiederauftauchen. Es gibt also keinen anderen Weg, als die Trauer und Unsicherheit, die vielleicht auftreten, anzuerkennen und sich mit ihnen zu beschäftigen.

## REGRESSION

Für viele Teenager und Jugendliche sind Freundinnen oder Freunde ähnlich wichtig wie die Familie. Stirbt ein enger Freund, kann dies – wie der Tod von Familienmitgliedern – zu Regressionen führen. Das sind zeitweilige Rückschritte in der Entwicklung. Vor allem kann es sein, dass die schulischen Leistungen nachlassen, weil sowohl Konzentrationsfähigkeit als auch Motivation sinken. Außerdem reagieren nicht wenige Jugendliche auf schwerwiegende Krisen mit Bettnässen. Meist gibt sich das nach einigen Wochen oder Monaten. Den Teenagern ist es in der Regel außerordentlich peinlich, wenn sie nachts wieder ins Bett machen. Sie fragen sich, was mit ihnen nicht in Ordnung ist. Daher ist es entlastend, wenn sie von Ihnen die Information erhalten, dass Bettnässen als Reaktion auf traumatische Ereignisse durchaus normal ist und von allein wieder verschwindet.

# Ungewöhnliche Todesarten (Unfall, Suizid, Verbrechen)

Wenn Menschen an natürlichen Ursachen sterben, beispielsweise an einer Krankheit oder daran, dass sie sehr alt geworden sind, ist das traurig genug. Doch manchmal kommt es auch zu ungewöhnlichen Todesarten, beispielsweise durch schwere Unfälle, Verbrechen oder Suizide. Früher hat man das meist verschwiegen oder verheimlicht. Heute weiß man, dass solche Familiengeheimnisse Auswirkungen haben. Sie vergiften sozusagen die Atmosphäre. Unbewusst schleichen alle um etwas herum, das nicht gesagt werden darf. Das ist sehr anstrengend und nicht nur für Kinder und Jugendliche verwirrend.

Deshalb sollten Sie die Umstände des Todes Kindern oder Jugendlichen nicht verschweigen. Andererseits hilft es den Betroffenen auch nicht, sie mit Einzelheiten zu überfrachten. Und für die Erwachsenen ist es auch keine wirkliche Erleichterung, mit Kindern oder Jugendlichen ausführlich darüber zu reden.

Trat der Tod durch Suizid ein, vermeiden Sie die Begriffe

»Freitod« oder »Selbstmord«[1]. Sagen Sie zum Beispiel: »XYZ tötete sich selbst«, oder: »Er oder sie war sehr schwer krank und wollte daher nicht mehr leben.«

Meist fallen solche ungewöhnlichen Todesarten mit einem überraschenden Eintritt des Todes zusammen. Das gilt auch, wenn es sich um einen Suizid handelt, und selbst dann, wenn die Person schon davon gesprochen hat. Das bedeutet, dass sowohl die Bezugspersonen als auch die betroffenen Kinder und Jugendlichen zwei Dinge gleichzeitig verarbeiten müssen: den überraschenden Tod eines nahestehenden Menschen *und* eine schwer verständliche und oft mit starken eigenen Emotionen besetzte Todesursache.

Unfälle, Suizide und Verbrechen werfen fast zwangsläufig Fragen auf wie: Warum musste das passieren? Wie konnte das passieren? Warum passiert so etwas? Die bislang (hoffentlich) als sicher erlebte Welt gerät aus dem Gleichgewicht, weil deutlich wird, dass innere und äußere Einflüsse, über die wir keine Kontrolle haben, zum Tod führen können. Das ist ein schlagartiger, dramatischer Verlust der »Unschuld« der Welt. Und er erstreckt sich nicht nur auf die Kinder und Jugendlichen, sondern auf alle Betroffenen. Egal, wie viele TV-Krimis Sie schon geguckt haben, ein solcher Todesfall in der Familie oder dem engen familiären Umfeld stellt alle Annahmen darüber, wie sicher wir uns im Alltag fühlen dürfen, infrage.

Auch für Sie ist also die Trauerarbeit in einem solchen Fall schwieriger. Wenn Sie versuchen, Ihre eigene Verwirrung zu verbergen oder zu verdrängen, um den Kindern gerecht zu werden, überfordern Sie sich vermutlich. Deshalb ist es in solchen

[1] »Freitod« klingt nach einer freien Willensentscheidung für den Tod. Doch das trifft gar nicht die Situation von Menschen, deren Sichtweise von Ausweglosigkeit geprägt ist. Und »Mord« ist eine schwere Straftat, nämlich das Töten eines anderen aus niederen Beweggründen. Der Begriff »Selbstmord« schädigt daher also nachträglich die Erinnerung an den Toten. Außerdem sind Suizidtrauernde eben nicht Hinterbliebene eines Mörders.

Fällen besonders hilfreich, aktiv jemand zu suchen, der die Fragen der Familie vielleicht nicht beantworten, aber zumindest ruhig aushalten kann: einen Freund oder eine Freundin, einen Verwandten, einen Nachbarn, einen Geistlichen oder einen Menschen, der beispielsweise als Trauerbegleiter in einer Beratungsstelle arbeitet.

Kinder und Jugendliche haben ein feines Gespür dafür, wann sie Grenzen überschreiten. Sie werden daher keine Fragen stellen, von denen sie befürchten, damit zum Beispiel Trauer oder Wut auszulösen. Sie sollten aber Fragen stellen dürfen, denn die Informationen helfen ihnen, das Geschehene als wahr und unabänderlich anzuerkennen. Und sich die neue, veränderte Welt zu erschließen und sie zu begreifen. Frage für Frage und Antwort für Antwort.

Auch hier gilt: Kommen Sie nicht vom Hölzchen aufs Stöckchen, sondern beantworten Sie nur die jeweils gestellte Frage. Wenn Kinder oder Jugendliche mehr wissen möchten, werden sie von sich aus nachfragen. Fällt es Ihnen schwer oder erscheint es Ihnen unmöglich, über die Details des Todesfalls zu sprechen, dann versuchen Sie, einen Ansprechpartner für die Kinder oder Jugendlichen zu organisieren. Vielen Betroffenen solcher Todesfälle hilft es, nach einiger Zeit die polizeiliche Akte zu lesen, anderen nicht. Es gibt in dieser Hinsicht kein Richtig oder Falsch, Sie sollten aber versuchen, offen zu bleiben für die Bedürfnisse der betroffenen Kinder und Jugendlichen und gegebenenfalls möglich zu machen, was diesen hilft.

Formulierungsvorschläge für Kindergartenkinder:

- *Unfalltod:* XYZ hatte einen sehr schweren Unfall und ist an den Verletzungen gestorben.
- *Suizid aufgrund schwerer Krankheit:* XYZ hatte eine sehr schwere Krankheit, die ihm / ihr große Schmerzen bereitet

hat. Deshalb wollte XYZ nicht mehr leben. Das ist traurig, aber es war sein / ihr Wunsch.

- *Suizid aufgrund psychischer Krankheit oder aus unbekannter Ursache:* Sie / Er war so unglücklich oder verzweifelt, dass sie / er nicht mehr weiterleben wollte.
- *Verbrechen (Mord, Totschlag):* XYZ wurde von einem anderen Menschen getötet. So etwas passiert nur sehr selten.

Formulierungsvorschläge für Grundschulkinder:

- *Unfalltod:* XYZ hatte einen sehr schweren Unfall und ist an den Verletzungen gestorben. Unfälle können passieren, aber meist verletzt man sich nur, und die Verletzungen heilen wieder.
- *Suizid aufgrund schwerer Krankheit:* XYZ hatte eine sehr schwere Krankheit, die ihm / ihr große Schmerzen bereitet hat. Deshalb wollte XYZ nicht mehr leben. Das ist traurig, aber es war sein / ihr Wunsch.
- *Suizid aufgrund psychischer Krankheit oder aus unbekannter Ursache:* Sie / Er war so unglücklich oder verzweifelt, dass sie / er nicht mehr weiterleben wollte. Bei manchen Menschen können die Gedanken so traurig, schwer und dunkel werden, dass ihnen der Tod als einziger Ausweg erscheint.
- *Verbrechen (Mord, Totschlag):* XYZ wurde von einem anderen Menschen getötet. So etwas passiert nur sehr selten.

Formulierungsvorschläge für Teenager, Jugendliche und junge Erwachsene:

- *Unfalltod:* XYZ hatte einen sehr schweren Unfall und ist an den Verletzungen gestorben. Unfälle können passieren, aber meist verletzt man sich nur, und die Verletzungen heilen wieder.
- *Suizid aufgrund schwerer Krankheit:* XYZ hatte eine sehr schwere Krankheit, die ihm / ihr große Schmerzen bereitet

hat. Deshalb wollte XYZ nicht mehr leben. Das ist traurig, aber es war sein / ihr Wunsch.

- *Suizid aufgrund psychischer Krankheit oder aus unbekannter Ursache:* Sie / Er war so unglücklich oder verzweifelt, dass sie / er nicht mehr weiterleben wollte. Bei manchen Menschen können die Gedanken so traurig, schwer und dunkel werden, dass der Tod als einziger Ausweg erscheint.
- *Verbrechen (Mord, Totschlag):* XYZ wurde von einem anderen Menschen getötet. So etwas passiert nur sehr selten. Jetzt ermittelt die Polizei, was genau geschehen ist, und danach entscheidet ein Gericht, ob und wie jemand bestraft wird.

# Trauer auf Dauer: Tod durch lang anhaltende Krankheiten

Als Gesellschaft gehen wir meist davon aus, dass der Tod überraschend eintritt. Und dass wir ihn *deshalb* als schockierend empfinden. Doch diese Annahme liegt vermutlich vor allem darin begründet, dass wir meist versuchen, Tod und Trauer zu verdrängen.

Es gibt aber Ausnahmen. Viele Menschen erkranken an Krebs, Alzheimer, Demenz oder Parkinson. (Auch Suchterkrankungen wie Alkoholismus, Drogenkonsum oder zum Beispiel Spielsucht können ein dysfunktionales Familiensystem zur Folge haben und ähnliche Probleme hervorrufen.) Die oben genannten Krankheiten führen nicht oder nicht unbedingt direkt zum Tod. Auf alle Fälle nicht sehr schnell. Das bedeutet, dass in diesen Fällen sozusagen ein »Abschied auf Raten« stattfindet, der sich über eine längere Zeit hinzieht. Das hat durchaus Vorteile, denn man kann im Idealfall sagen, was noch zu sagen ist. Und die letzte gemeinsame Zeit lässt sich aktiv gestalten, so wie sie den Sterbenden und den Angehörigen möglichst guttut.

Andererseits zieht sich die Trauer eben über Monate oder sogar Jahre. Jemand muss immer wieder ins Krankenhaus, mal geht es besser, dann wieder schlechter. Oder ein Mensch verliert stückweise seine Persönlichkeit und Fähigkeiten. Personen mit Alzheimer oder Demenz sind nicht weniger liebenswert als zuvor – aber können gerade Kindern als völlig andere Menschen erscheinen. Auch Parkinson kann für die Betroffenen eine so große Einschränkung darstellen, dass sie sich deutlich verändern.

Wirklich schwierig wird es für Kinder und Jugendliche, wenn nahe Angehörige betroffen sind: Großeltern, Tanten und Onkel, Geschwister, Eltern. Denn dann sind meist über lange Zeit Anpassung, Pflege und Aufmerksamkeit gefordert. Das aber widerspricht dem Geist der Kindheit und Jugend, selbst zu fordern, sich abzugrenzen, egoistisch zu sein und hinaus in die Welt streben zu dürfen.

Ist das System Familie auf die Erkrankung eines Mitglieds ausgerichtet, bleibt einfach weniger Raum und Kraft für andere Familienmitglieder. Und das wiederum kann zu widerstreitenden und abrupt wechselnden Gefühlen führen. So mag sich ein Kind oder Jugendlicher beispielsweise durchaus wünschen, dass die Oma, der Vater oder das Geschwisterkind »endlich« stirbt – und das auch sagen oder herausschreien. Und trotzdem mit aller Kraft hoffen und wünschen, die Krankheit würde einfach verschwinden. Sie oder er kann zum Beispiel:

- »Überlebensschuld« empfinden (»Warum sie / er und nicht ich?«)
- die Ungerechtigkeit der Welt beklagen
- sich für die empfundene Erleichterung (»Endlich ist der Stress vorbei«, »Endlich muss XYZ sich nicht mehr quälen«) schrecklich schämen

Häufig erfolgt ein solcher Abschied nahezu unbemerkt Stück für Stück. Der oder die Erkrankte muss immer öfter ins Krankenhaus oder wird in einem Pflegeheim untergebracht. Es ist viel zu organisieren, und »nebenbei« (aber in Wahrheit: obendrauf) muss meist auch noch der Alltag stattfinden (Kindergarten, Schule, Arbeit, Einkauf, häusliche Organisation). Vor lauter Tun bleibt dann manchmal kein Moment, um das Geschehen zu verarbeiten. Oder es wird einem alles zu viel und man klinkt sich aus.

Grundsätzlich gilt alles, was für die Trauer der jeweiligen Altersgruppen auf den vorigen Seiten steht, auch in diesen Fällen. Nur zieht sich der Trauerprozess eben deutlich länger hin. Deshalb bleibt er oft auch unbemerkt oder scheint gar nicht stattzufinden. Alle wursteln einfach vor sich hin, passen sich Tag für Tag der immer nur geringfügig veränderten Situation an. Es gibt manchmal keinen Moment, der den Betroffenen wie auch der Außenwelt deutlich signalisiert: Wir erleben und durchleben einen Trauerfall.

In der Praxis kann es aufgrund der Unübersichtlichkeit der Lage dazu kommen, dass Kinder langfristig Aufgaben übernehmen, die eigentlich von Eltern oder anderen Erwachsenen erledigt werden müssten. Also zum Beispiel regelmäßig auf die kleineren Geschwister aufpassen und Essen für die Familie kochen. Das nennt man »Paternalisierung«, und es beschädigt die gesunde Entwicklung eines Kindes. Natürlich können Kinder und Jugendliche gern auch mal helfen oder einspringen. Sie sollten nur nicht *auf Dauer* Aufgaben der Erziehungsberechtigten übertragen bekommen.

## MÖGLICHE DYSFUNKTIONALE REAKTIONEN

Zu den Reaktionen von Kindern langfristig erkrankter Eltern können gehören:

- Fantasien »magischer« Schuldzuschreibung (»Wenn ich nicht geboren wäre, wäre XYZ gesund geblieben«)
- übermäßiges Nachdenken über die Therapie (mit oft irrationalen Vorstellungen)
- (sorgenvolle) Überlegungen zur Zukunft der Familie
- (sorgenvolle) Überlegungen zur eigenen Lebensperspektive
- intensives Bemühen um Alltagsbewältigung (zum Beispiel Übernahme von eigentlich elterlichen Aufgaben; Verantwortungsübernahme für andere Familienmitglieder; Trösten von Familienmitgliedern, damit diese wieder »einsatzfähig« werden)
- regressive Symptome (zum Beispiel Trennungsangst, Bettnässen, Daumenlutschen)
- depressive Symptome
- Angstzustände
- Konzentrations- und Lernschwierigkeiten
- Zwangssymptome
- Verwahrlosung, Desinteresse am Umfeld, (übermäßiger) Drogen- und Alkoholkonsum
- Überanpassung (der Versuch, nicht aufzufallen und vielleicht sogar das Problem zu »heilen« durch Perfektionismus)

Sowohl die erkrankten Elternteile als auch deren Partner haben meist »keinen Kopf« für diese Symptome. Sie bemerken sie entweder gar nicht, weil es scheinbar dringendere Probleme zu lösen gilt oder weil sie nicht auffällig genug auftreten. Oder sie sind mit der Lage selbst so überfordert, dass sie den

Kindern keine dauerhafte Hilfe und Unterstützung bieten können. (All dies gilt natürlich in ähnlicher Form auch bei der dauerhaften Erkrankung eines Kindes oder auch etwa dann, wenn die Pflege eines Großelternteils durch die Familie geleistet wird.)

## WAS KÖNNEN SIE TUN, WIE KÖNNEN SIE HELFEN?

Wenn Sie selbst Teil des Familiensystems sind, müssen Sie unbedingt für sich selbst sorgen. Konkret: Ist Ihr Elternteil, Ihr (erwachsener) Bruder oder Ihre (erwachsene) Schwester betroffen oder eines Ihrer Kinder, dann stellt dies natürlich eine große Belastung für Sie dar. Vor lauter »Funktionieren« vergisst man das aber oft.

In einer solchen Situation kann es passieren, dass Sie einfach einschlafen, einfach ausrasten, einfach zu weinen beginnen. Was hilft dagegen? Zum einen Verständnis und »Selbstmitgefühl«, also die Erkenntnis, dass Sie Ihr Bestes geben und aus sehr gut nachvollziehbaren Gründen erschöpft und überfordert sind. Zum anderen: Entlastung. Und zwar nicht ein Saunagang pro Woche, sondern möglichst einerseits regelmäßige Entlastung von dem Übermaß an Aufgaben und andererseits längere Auszeiten, um die Batterien wieder aufzuladen. Ja, ich weiß, das ist alles leicht gesagt und scheint oder ist in einer solchen Situation unmöglich. Gerade deshalb ist es wichtig, sich immer wieder bewusst zu machen, dass und wie nötig solche Hilfen sind. Und dass es nicht nur um Sie und Ihr »Funktionieren« geht, sondern um die Auswirkungen auf das Gesamtsystem.

Eine Familie ist wie ein fein ausbalanciertes Mobile. Bei einem Trauerfall – egal ob der plötzlich auftritt oder sich wegen einer Krankheit lange hinzieht – ist es so, als würde ein Teil des Mobiles einfach herausgeschnitten, mit der Folge, dass das Mobile aus dem Gleichgewicht gerät und schief hängt. Um die Familie nach einem Trauerfall wieder in die Balance zu bekommen, braucht man manchmal Hilfe von außen.

Das heißt: Wenn Sie regelmäßig einschlafen, ausrasten, losweinen, ist das für Kinder und Jugendliche verunsichernd. Zur Erkrankung des einen Familienmitglieds kommt also die Schwächung eines oder beider Elternteile hinzu! An wen soll man sich dann in Momenten der Not wenden? Und gegen wen könnte man guten Gewissens rebellieren?

Es ist darum nicht nur wichtig, sondern auch völlig in Ordnung, dass Sie so gut wie möglich für sich selbst sorgen und dass Sie Hilfe und Unterstützung annehmen oder organisieren. Springen Sie über Ihren Schatten oder schmeißen Sie unnütze Prinzipien über Bord, und tun Sie es jetzt, denn die Situation ist temporär, Sie werden vermutlich lange durchhalten müssen, aber keine Entscheidung, die Sie jetzt treffen, ist für immer.

### TIPPS FÜR ELTERN JÜNGERER KINDER BIS ZUM ENDE DES GRUNDSCHULALTERS

Können Sie ein Au-pair beherbergen? Oder wohnen Großeltern (oder Ersatz-Großeltern, die Sie über eine Kleinanzeige finden) in der Nähe? Bestellen Sie, wenn finanziell möglich, Kochboxen, nutzen Sie Wäscheservices, lassen Sie die Kinder Hausaufgaben im Hort oder bei Freunden machen. Schaffen Sie sich so viele Alltagsaufgaben wie möglich vom Hals, damit Sie *relevante* Aufgaben übernehmen können und als Ansprechpartner zur Verfügung stehen, wenn es wichtig ist!

Buchen Sie mehr Kita, mehr Hortbetreuung, als Sie rechnerisch benötigen. Doppelvorteil: Sie sind entlastet von viel Fleißarbeit, und zugleich gibt es für Ihre Kinder einen sicheren, trauerfreien Raum, in dem sie ihrerseits Atem schöpfen können.

Können Nachbarn einmal die Woche für Sie mitkochen? Können Ihre Geschwister die Kinder zum Sport fahren? Können Sie eine regelmäßige Verabredung mit einem befreundeten Elternteil arrangieren, dessen Kinder Ihre mögen?

Je jünger die Kinder, desto weniger können sie Gefühle und Sorgen mit Worten ausdrücken. Bieten Sie daher andere Optionen aktiv an: Sport, Kunst, Schreien im Wald. Natürlich wollen Kinder sich nicht ständig mit ihrer Trauer befassen, sondern auch mal ganz was anderes malen als Opa, der in den Himmel schwebt, oder einfach nur ein bisschen Rumkicken, statt beim Fußball Aggression abzubauen. Doch gerade weil niemand weiß, was wann ausgedrückt werden will oder sollte, ist es wichtig, regelmäßig kreative und körperliche Möglichkeiten dafür zu schaffen.

### TIPPS FÜR ELTERN VON TEENAGERN, JUGENDLICHEN UND JUNGEN ERWACHSENEN

Ab dem Teenageralter müssen Kinder sich von den Eltern abgrenzen können, damit sie ein paar Jahre später das Haus verlassen (wollen). Die Abgrenzung dient auch der Persönlichkeitsbildung. Wichtig dafür ist nicht, starre Regeln zu erlassen oder viel zu streiten, sondern den jungen Menschen Raum zu lassen, eigenständige Erfahrungen zu machen.

Das kollidiert leider mit einem straff durchorganisierten Pflegealltag, in dem die Kinder zum Beispiel bestimmte Aufgaben zuverlässig übernehmen sollen.

Vor allem: Es ist sehr schwer, sich von jemand abzugrenzen – also von jemand wegzustreben –, der schwer krank ist oder im Sterben liegt. Unter normalen Bedingungen können Jugendliche schon mal sagen oder zumindest denken: »Ich wünschte, du wärst tot!«, oder: »Ich wünschte, ich hätte andere Eltern!« Ist ein Elternteil schwer krank, wird das vielleicht undenkbar, oder es entsteht ein übergroßes schlechtes Gewissen, weil der

Gedanke dennoch auftaucht. Jugendliche können nahezu verstummen, hervorragend funktionieren und alles mit sich allein abmachen – oder krass rebellieren und zum Beispiel Zeit und Aufmerksamkeit für sich einfordern, indem sie den Betrieb massiv stören.

Beides muss weder ein schlechtes noch ein gutes Zeichen sein. Grundsätzlich können die meisten Menschen die meisten Krisen im Lauf der Zeit aus eigener Kraft bewältigen. So anstrengend und schwierig die Situation also sein mag: Vermutlich kommt Ihr Kind letztlich damit klar. Und Sie sollten sich auf keinen Fall selbst noch zusätzliche Vorwürfe machen, denn Sie haben sich ja nicht ausgesucht, dass ein Familienmitglied krank wird.

Zur Sicherheit können Sie aber aufmerksam darauf achten, ob Ihr Teenager oder junger Erwachsener erkennbare Hilfesignale aussendet. Im Idealfall offen, weil Sie deutlich gemacht und gesagt haben: Es ist eine unglaublich schwierige Lage, wer Unterstützung braucht, soll sie bekommen. Oder Ihnen fallen erhebliche Verhaltensänderungen auf, zum Beispiel wird ein Jugendlicher auf einmal sehr redselig oder zieht sich vollständig zurück, vielleicht beginnt sie oder er im Übermaß zu trinken oder nimmt Drogen. Alles möglicherweise ganz normale Bestandteile der Pubertät, hier aber vielleicht etwas gefährlicher.

Faustregel: Vorwürfe, Wut und Enttäuschung helfen praktisch nie. Besser: Sorge, Offenheit, Zuneigung und Interesse.

Teenager und Jugendliche wollen und müssen nicht mehr wirklich umfassend betreut werden. Es tut ihnen aber gut, wahrzunehmen, dass sie für die Eltern und das Familiensystem wichtig sind. Dabei helfen Rituale. Sie könnten einmal im Halbjahr einen Tag nur mit dem oder einem der Kinder verbringen. Oder jeden Abend fünf Minuten den Tag Revue passieren lassen. Oder zusammen zum Fußball gehen.

Wie bei jeder Trauer gilt gerade auch bei Langzeit-Abschieden, dass fröhliche, unbeschwerte Momente sich zwar für die meisten Menschen irgendwie »falsch« anfühlen, sie es aber nicht sind. Fröhliche, unbeschwerte Momente sind wichtig und völlig okay.

# TEIL 3
## HÄUFIGE FRAGEN UND WEITERE INFORMATIONEN

Im ersten Teil des Buches ging es um menschliche und organisatorische Soforthilfe bei einem Todesfall und um die Begleitung in der Zeit danach. Im Mittelpunkt stand der bestmögliche Umgang miteinander.

Wenn wir mit dem Tod konfrontiert werden, stellen sich darüber hinaus viele Fragen. Denn die meisten von uns haben das Thema bisher gemieden, so gut es eben ging. Das bedeutet: Auch die Elterngeneration weiß oft gar keine Antworten, weder auf die eigenen Fragen noch auf die der Kinder. Das geht vielen Menschen so. Deshalb habe ich im zweiten Teil des Buches Fakten zusammengetragen. Denn was man weiß, macht weniger Angst und verunsichert nicht so leicht.

Aber Achtung: Was den einen Menschen beruhigt, verunsichert vielleicht einen anderen. Möglicherweise empfinden Sie es als hilfreich, zu erfahren, was genau zwischen Abholung und Beerdigung passiert, wie ein Krematorium arbeitet oder wie der biologische Abbau des Körpers erfolgt. Vielleicht aber auch nicht. Sie sind keinesfalls gezwungen, die folgenden Informationen zu lesen. Sie *müssen* nichts davon wissen, am Ende folgt keine Klausur. Dort, wo viele Leserinnen und Leser Inhalte »gruselig« finden könnten, weise ich noch einmal gesondert darauf hin.

Doch es gibt keinen Grund, sich zu fürchten. Denn das Leben ist, wie es ist, und je besser wir das verstehen, desto leichter fällt es uns, die Realität zu akzeptieren.

Die Texte sind möglichst leicht verständlich geschrieben, dennoch handelt es sich nicht um ein Kinderbuch. Bitte lesen Sie die Texte selbst und wählen aus, was jeweils als Antwort für Ihr Kind relevant sein könnte. Das ist besser – und führt auch eher zu einem Gespräch –, als einem Kind oder Jugendlichen einfach das Buch in die Hand zu drücken.

# Was sagen, was lieber nicht sagen?

Grundsätzlich ist es bei Trauer so, dass niemand etwas sagen könnte, was den Todesfall besser macht. Stattdessen gibt es schier unendlich viele Sätze, die die ganze Situation schlimmer werden lassen. Es ist für alle Beteiligten eine schwierige Lage. Wenn Sie trauern, möchten Sie nicht, dass Sie und Ihre Gefühle ignoriert werden. Die Toten totzuschweigen lässt sie noch einmal sterben. Gleichzeitig gibt es viele Floskeln, die vor allem eins ausdrücken: Gedankenlosigkeit – und damit auch eine »Ist mir eigentlich egal«-Haltung den Trauernden gegenüber. »Herzliches Beileid« zum Beispiel klingt fast schon wie ein Glückwunsch und wirkt dadurch sehr schnell falsch und flach. Der wichtigste Tipp, den ich immer wieder von Trauerbegleitern bekommen habe, lautet: Nicht nichts sagen. Und sollten Sie nicht wissen, was Sie sagen können, dann sagen Sie genau das: »Ich weiß nicht, was ich sagen soll. Mir fehlen die Worte.«

## TIPPS FÜR KINDERGARTEN- UND GRUNDSCHULKINDER

### SAGEN

- »XYZ ist leider gestorben«, »XYZ ist tot«.

### LIEBER NICHT SAGEN

- »XYZ ist entschlafen.« Denn das könnte bedeuten, dass entweder einschlafen gefährlich ist oder dass XYZ irgendwann wieder aufwacht. Beides stimmt nicht.
- »XYZ ist verschieden.« Ich dachte als Kind immer, dass wir doch sowieso alle verschieden sind. Dass »verschieden« neben »unterschiedlich« noch eine andere Bedeutung hat, war mir nicht klar. (Ähnlich ging es mir, wenn ältere Menschen davon erzählten, jemand sei im Krieg gefallen. Auch das klang für mich nicht besonders schlimm: Wenn man fällt, steht man wieder auf und macht weiter.)
- »Wir haben XYZ verloren.« Heißt, man könnte XYZ irgendwann auch wiederfinden.
- »XYZ ist jetzt an einem besseren Ort.« Dieser Satz wirft die Frage auf, warum wir nicht alle dorthingehen, wenn der Ort besser ist.

## TIPPS FÜR TEENAGER, JUGENDLICHE UND JUNGE ERWACHSENE

### SAGEN

- »Es tut mir sehr leid, dass XYZ gestorben ist.«

### LIEBER NICHT SAGEN

- »Jetzt muss XYZ wenigstens nicht mehr leiden.«
- »Wenigstens hast du noch deinen Hund/deinen Vater/deine Schwester.«

- »Alles ist zu irgendetwas gut.«
- »Du wirst sehen, bald geht es dir wieder besser.«
- »Entschuldige, aber es ist mir unangenehm, wenn du weinst.«
- »Jetzt ist es schon XY Wochen her, langsam muss es auch mal wieder gut sein.«

## Wie unterscheidet sich Trauer in verschiedenen Lebensphasen?

Alle Menschen trauern unterschiedlich. Darüber hinaus trauern Kinder und Jugendliche aber noch einmal anders als Erwachsene. Das ist ganz normal. Niemand muss oder soll auf die gleiche Weise traurig sein wie jemand anders. Vor allem Kinder sind manchmal sehr traurig, dann wieder nicht. Das ist gut so, denn immerzu traurig sein wäre viel zu anstrengend für sie. Man nennt dieses Trauerverhalten von Kindern »Pfützentrauern«. Sie springen in die Trauer hinein wie in eine Pfütze. Und dann springen sie wieder heraus. Experten gehen davon aus, dass Kinder intuitiv genau wissen, wie viel Trauer sie gerade verarbeiten und sich zumuten können. Auf diese Weise können Kinder ihre Emotionen regulieren. Deshalb sollten wir es ihnen nicht übel nehmen, wenn sie zwischendurch fröhlich sind. Oder ihnen deshalb gar Vorwürfe machen: »Bist du denn gar nicht traurig, dass dein Papa tot ist?«

Kinder brauchen diese Pausen von der Trauer. Wenn wir Erwachsenen von einem Todesfall sehr betroffen sind (zum Beispiel, weil es der eigene Elternteil, der eigene Partner oder das eigene Kind war), ist es hilfreich, für das Kind einen »trauerfreien Raum« zu organisieren, zum Beispiel einmal die Woche bei einem Verwandten. Auch der Kindergarten kann ein solcher Raum sein. Trauergruppen können ebenfalls weiterhelfen. Auch wenn es sich nicht so anhört: In Trauergruppen wird viel weniger geweint, als man meint. Es geht dort unter anderem auch sehr fröhlich zu.

## KEINE ANTWORT WISSEN IST OKAY

Fragen von Kindern sollte man ehrlich beantworten und bei der Sache bleiben, also nicht ausschweifen. Wenn Kinder mehr wissen wollen, fragen sie schon weiter. Kinder sind sehr neugierig und nähern sich dem Thema »Tod« oft über technische oder naturwissenschaftliche Fragen. Sie wollen die eigenen Eltern aber auch nicht trauriger machen, als diese ohnehin schon sind. Deswegen halten sie sich schnell zurück, wenn sie merken, dass Sie aktuell den Tränen nahe sind. Wenn es in der Verwandtschaft oder im Freundeskreis jemand gibt, der die Fragen beantwortet, hilft das Kindern bei der Verarbeitung.

Sie müssen auch nicht auf alle Fragen der Kinder eine Antwort wissen. Wenn ein Kind fragt: »Wenn Papa jetzt tot ist, muss er dann sterben?«, und Sie sich unsicher sind, was eine gute Antwort wäre, dann könnten Sie entweder genau das sagen. Oder aber Sie geben die Frage zurück: »Wie denkst du darüber?«, »Was glaubst du, wo Papa jetzt ist?«

Viele Kinder machen sich große Sorgen, wenn ein Familienmitglied stirbt. Und es stimmt ja auch: Es wird nie mehr so sein, wie es früher mal war. Erst mit der Zeit lernen wir, ohne den geliebten Menschen zu leben. Das kann mal schneller gehen und mal länger dauern. Kinder und Jugendliche fragen sich oft auch, woher jetzt das Geld kommt oder ob die Familie nun umziehen muss. Es kann hilfreich sein, wenn Erwachsene behutsam die Möglichkeit anbieten, über solche Themen zu sprechen, falls der Wunsch danach besteht.

## WARUM TRAUER IMMER WIEDER MAL ZURÜCKKEHRT

Häufig kehrt die Trauer um einen geliebten Menschen später im Leben zurück. Und zwar meist in Übergangsphasen oder zu symbolischen Anlässen, bei denen der Tote ganz besonders fehlt. Also zum Beispiel beim Schulanfang, beim Übergang in die weiterführende Schule, zu Beginn der Pubertät, bei der Hochzeit … Das ist normal, denn jedes Mal trauern wir um das, was zu dem entsprechenden Zeitpunkt fehlt.

Daher rät man heute auch von gut gemeinten Sätzen ab wie: »Jetzt musst du die Mama aber auch mal vergessen, dann wird es dir besser gehen.« Tut es nicht, man bekommt davon nur ein schlechtes Gewissen, weil die Info ja ist: Deine Gefühle sind falsch.

Trauer kommt und geht. Oder anders gesagt: Sie begleitet uns ein Leben lang. Wir lernen nur, immer besser mit ihr umzugehen und das Leid zu lindern.

## DAS BEGRÄBNIS KONKRET MITGESTALTEN

Viele Erwachsene wollen Kinder vor Trauer und unangenehmen Gefühlen schützen, zum Beispiel indem sie von der Beerdigung ferngehalten oder auch schon bei der Vorbereitung des Begräbnisses ausgeschlossen werden. Oder indem Erwachsene so tun, als wären sie nicht traurig, als würde das Leben einfach weitergehen. Doch das macht es den Kindern nur schwerer. Besser ist es, sie an der Trauerarbeit teilnehmen zu lassen.

Kindern hilft konkretes Tun mehr als schöne Worte. Es ist daher gut, wenn sie ein Bild malen oder etwas basteln, was in den Sarg gelegt werden kann. Oder wenn sie den Sarg oder die Urne verzieren. Auf der Trauerfeier könnte ein Freund Fotos von allen Gästen machen. Oder jeder hinterlässt einen Fingerabdruck auf einer Leinwand. Dann ist klar: So viele Leute waren da, weil sie alle auch meinen Papa oder meine Mama, meinen Opa oder meine Oma, meinen Bruder oder meine Schwester vermissen.

## MÖGLICHE REGRESSION

Kinder und auch Jugendliche können durch einen Trauerfall in der Entwicklung einen Schritt zurückgeworfen werden, also zum Beispiel Ängste entwickeln und »klammern« oder scheinbar unerklärliche Wutanfälle bekommen. Es kann auch sein, dass sie wieder ins Bett machen. Das ist besonders Jugendlichen oft sehr peinlich. Man weiß aber heute, dass es häufig passiert. Vor allem, wenn zwei schlimme Erlebnisse nacheinander auftreten, also zum Beispiel ein Todesfall und dann auch noch eine Trennung oder sehr schlechte Schulnoten.

Für Kinder und Jugendliche ist es sehr entlastend, wenn Sie von sich aus darauf aufmerksam machen, dass diese Dinge auftreten können. Dann fühlen sie sich, wenn es der Fall ist, weniger »unnormal«.

Gehen Sie mit Regressionen so geduldig um, wie es Ihnen möglich ist. Meist verschwindet das Problem nach einigen Wochen oder Monaten von allein wieder.

## TRAUER IN DER PUBERTÄT

Teenagern und Jugendlichen fällt es oft schwerer als jüngeren Kindern, mit Trauer umzugehen. Das kann damit zu tun haben, dass sie bereits verstehen, was Totsein bedeutet. Nämlich, dass wir jemand, den wir sehr mochten, wirklich nie mehr wiedersehen werden. Sie begreifen also die Dimension des Verlustes. Und erleben solche »endgültigen« Gefühle meist zum ersten Mal im Leben.

Das ist, wie von einer großen Welle mitgerissen und herumgewirbelt zu werden.

Andererseits bekommen in der Teenagerzeit aber auch Dinge und Menschen außerhalb der Familie eine große Bedeutung. Da kann es zum Beispiel eine superwichtige Party geben. Oder die Note in einem bestimmten Schulfach muss stimmen.

Außerdem fühlen sich manche Jugendliche sowieso schon ziemlich unsicher (Aussehen, Meinungen, Freundschaften, Klamotten, Musikgeschmack, soziale Medien …). Wenn sie jetzt der Trauer viel Raum geben, dann frisst die vielleicht einfach alles auf.

Andere finden die Welt ohnehin schwierig und tragisch und können sich überhaupt nicht vorstellen, dass dieses tiefschwarze Gefühl je wieder weggeht.

Manchmal »funktionieren« Jugendliche dann unheimlich gut, gehen zur Schule, treffen sich mit Freunden, kümmern sich vielleicht sogar noch um jüngere Geschwister. Manche von ihnen sagen nur den engsten Freunden, was passiert ist – so erhalten sie sich die Schule als »trauerfreien Raum«. Andere steigen aus allem aus und wissen nicht, wie das Leben weitergehen soll.

Am häufigsten sind Mischformen. Die Stimmung wechselt also von zu Tode betrübt zu himmelhoch jauchzend und wieder zurück, und das alles begleitet von dem Gefühl, dass die Welt irgendwie falsch und ungerecht und gefährlich ist.

Die Pubertät ist eine »sensible Entwicklungsphase«, sagt man. Das bedeutet eigentlich nur: Sie ist sowieso nicht einfach. Deshalb kann es hilfreich sein, sich einer Trauergruppe anzuschließen. Dann hat die Trauer einen Ort und eine Zeit, wo und wann sie stattfinden *darf* (nicht muss).

Oft rücken Familienmitglieder nach einem Todesfall näher zusammen, und das hilft ja auch. Trotzdem ist es nicht die Aufgabe der Jugendlichen, die Eltern (oder den verbliebenen Elternteil) zu trösten oder sich um den Haushalt oder kleinere Geschwister zu kümmern. Je unveränderter der Alltag ist, desto besser, denn dann bleibt Kraft für die Verarbeitung des Verlusts.

## Warum und wie und wann muss der Tote abgeholt werden? Kann ich ihn oder sie noch mal anfassen / umarmen?

Man darf Tote anfassen, umarmen und küssen. Das ist nicht gefährlich. Man kann ihnen dabei auch nicht versehentlich wehtun, denn sie spüren nichts mehr. Die Haut von toten Menschen ist kühl. Meistens sind ihre Gesichtszüge sehr friedlich.

Stirbt ein Mensch zu Hause, darf er noch ein bis zwei Tage dortbleiben. Danach muss er von einem Bestatter abgeholt werden, denn der Körper beginnt zu zerfallen. Meistens folgt ein paar Tage später die Beerdigung.

In Deutschland muss jeder Tod von einem Arzt festgestellt werden. Die meisten Toten werden auf dem Friedhof begraben. Es gibt allerdings einige Ausnahmen: Zum Beispiel Seebestattungen, bei denen die Urne ins Meer versenkt wird, Waldbestattungen, bei denen die Urne unter einem Baum begraben wird, und über komplizierte Umwege ins Ausland kann man eine Urne auch zu sich nach Hause liefern lassen. Was möglich ist, wissen die Bestatterin oder der Bestatter oder auch die örtliche Friedhofsverwaltung.

# Was passiert zwischen Abholung der Leiche und Beerdigung?

Die Leiche wird in einem Kühlhaus gelagert, bis sie begraben werden kann. Durch die Kälte bleibt der Körper länger »frisch«. Denn sonst würde nach zwei Tagen die Verwesung einsetzen, das heißt, die Zellen würden zerfallen. Durch die Kühlung ist es möglich, einige Tage bis zur Beerdigung zu warten – und wer möchte, kann sogar dann noch einmal den Toten oder die Tote sehen, berühren und sich verabschieden. Leider kann man ihn trotzdem nicht wieder aufwärmen und zum Leben erwecken.

Der Bestatter legt den toten Menschen vorsichtig in den Sarg. Obwohl ein toter Mensch nichts mehr spürt, ist der Sarg mit weichem Stoff ausgelegt. Das zeigt unseren Wunsch, dass es der Toten oder dem Toten möglichst gut gehen soll.

Die Familie kann auch dabei helfen, die Tote oder den Toten zu waschen, anzuziehen und in den Sarg zu legen. Das klingt für manche ein wenig gruselig, viele Menschen sind hinterher aber froh darüber.

Für eine Feuerbestattung – auch Urnenbestattung genannt –

wird die Leiche aus dem Kühlhaus in ein Krematorium gefahren. Dort wird sie bei sehr hohen Temperaturen verbrannt. Die Asche wird dann in ein Gefäß gefüllt, die Urne, die aussieht wie eine Vase mit Deckel. Die Asche muss nicht mehr gekühlt werden, in einem solchen Fall kann die Beerdigung auch erst nach längerer Zeit stattfinden.

# Über den bevorstehenden Tod eines Angehörigen sprechen?

Nur bei sehr wenigen Themen fragen wir uns: Ab wann kann/soll/darf man mit Kindern darüber sprechen? Fußball, Farben, Essen, Schnürsenkel binden, notfalls sogar Geld, über alles kann man reden, außer über Sex und Tod.

Dabei gibt es dafür keinen Grund – außer unserem eigenen Unbehagen.

Ohne weiter darüber nachzudenken, sagen wir zu unseren Kindern, lange bevor sie diese vollumfänglich verstehen können, Dinge wie:

- »Schau mal, das rote Auto da – so eines hätte ich auch gern!«
- »Na, soll ich dir lieber den Erbsenbrei oder den Karottenbrei warm machen?«
- »Komm, lass uns ein bisschen rausgehen, die frische Luft wird dir guttun.«

Da auch schon kleine Kinder unsere Trauer oder Unsicherheit deutlich spüren und oft intuitiv auf sie reagieren, ist es nur logisch, ihnen auch etwas zu sagen wie:

- »Ich bin heute so traurig, weil mein Vater, dein Opa, gestorben ist.«
- »Meine Mutter, deine Oma, liegt im Krankenhaus und wird bald sterben. Jeder Mensch muss irgendwann sterben. Trotzdem ist das traurig und macht mir Angst.«

## WAS WIR NICHT TUN ODER SAGEN SOLLTEN

- »Psst, was weinst du denn? Sei schön leise, ist ja alles gut!« Denn die versteckte Botschaft darin lautet: Mit deinen Gefühlen ist etwas nicht in Ordnung.
- »Ach, das wirst du noch früh genug verstehen!« Heißt im Klartext: Du bist klein und dumm!
- »Mach dir keine Sorgen, Oma wird bald wieder gesund!« Das ist gut, wenn es der Wahrheit entspricht. Wenn Sie aber wissen, dass das nicht der Fall ist, dann lernt das Kind daraus zum Beispiel: »Über den Tod spricht man nicht«, oder auch: »Auskünften meiner Eltern kann ich nicht trauen.«

## WAS WIR TUN UND SAGEN KÖNNEN

- Geben Sie Kindern die wichtigen Informationen in kleinen, altersgerechten Häppchen rechtzeitig bzw. zeitnah. Zum Beispiel: »Oma liegt im Krankenhaus, und die Ärzte sagen, sie wird bald sterben. Vermutlich in den nächsten drei Tagen. Möchtest du sie noch einmal mit mir zusammen besuchen?«

- Überfrachten Sie Kinder nicht mit Informationen. Möchten die Kinder mehr wissen, werden sie fragen.
- Beantworten Sie Fragen der Kinder wiederum konkret und ehrlich, ohne abzuschweifen.
- Gestehen Sie eigenes Unwissen ein. Zum Beispiel: »Ich weiß nicht, ob Opa jetzt im Himmel ist. Ich wünsche es mir aber.« Sie können die Frage auch zurückgeben: »Wie denkst du darüber?« Oder: »Was glaubst du, wo Opa jetzt ist?«
- Fragen Sie sich selbst, wovor Sie sich fürchten, zum Beispiel vor der Trauer oder den Tränen des Kindes. Dadurch lösen sich viele Ängste auf oder werden zumindest aushaltbar.
- Lassen Sie Gefühle zu. Eigene wie die des Kindes. Es gibt viele Möglichkeiten, diese Gefühle auszudrücken: malen, schreiben, basteln, Bewegung, Gespräche. Das können Sie alles nutzen.

# Angst vor weiteren Todesfällen

Wenn etwas Schlimmes passiert, schaltet unser Gehirn sofort um auf »Risiko«! Unternimmt man zum Beispiel eine Radtour und jemand stürzt, erschrecken die anderen und verhalten sich viel vorsichtiger. Dieses Verhalten soll uns vor Gefahren schützen.

Doch der Tod ist keine solche Gefahr. Sterben ist nicht ansteckend. Es ist verständlich, dass man sich Sorgen macht – das tun viele Menschen in dieser Situation. Aber die Sorgen sind nicht berechtigt. Nur weil eine Person stirbt, stirbt nicht gleich noch eine andere.

Manchmal bekommen Kinder oder Jugendliche dann zu hören: »So ein Unsinn, jetzt stell dich nicht so an!« Doch es tut gar nicht gut, eine Angst oder große Sorge zu verdrängen. Besser ist, mit jemand darüber zu sprechen. Wenn die Eltern selbst wegen Trauer und Alltag dafür zu beschäftigt sind, können dies auch eine Freundin oder ein Freund sein oder auch die Eltern eines Freundes oder einer Freundin oder ein Vertrauenslehrer.

Denn Angst geht nicht davon weg, dass sie nicht stimmt. Sondern davon, dass wir sie spüren und zugleich merken: Ja, ich fürchte einen weiteren Todesfall, aber dafür gibt es gar keinen (echten) Grund. Auch das müssen wir *fühlen* dürfen.

# Habe ich Schuld am Tod?

Manchmal reden sich Menschen ein, schuldig zu sein, um sich nicht ohnmächtig fühlen zu müssen. Das lässt sich so erklären: Wenn ich Schuld an Papas Tod habe, heißt das, ich habe etwas falsch gemacht, weshalb er gestorben ist. Wenn ich ab jetzt alles richtig mache, dann kann ich verhindern, dass auch noch Mama stirbt. Denn wer Schuld hat, hat im Grunde auch eine gewisse Macht – eine Macht, zu handeln. Und das klingt für einige Menschen sehr viel erleichternder als die Vorstellung, den äußeren Einflüssen ohnmächtig ausgeliefert zu sein. Wobei das ja doch in den meisten Fällen der Wirklichkeit entspricht.

### ANTWORTVORSCHLAG FÜR KINDERGARTENKINDER

»Nein, hast du nicht. Du hast den Tod nicht verursacht. Manche Kinder denken, wenn sie braver gewesen wären oder weniger Arbeit gemacht hätten, wäre jemand nicht gestorben. Aber das stimmt nicht.«

### ANTWORTVORSCHLAG FÜR GRUNDSCHULKINDER

»Nein, du bist nicht schuld am Tod. Du kannst den Tod nicht verursachen. Manche Kinder denken, sie hätten braver sein sollen oder weniger Arbeit machen müssen. Aber davon stirbt niemand. Manche Kinder fragen sich: Warum soll ich leben, wenn jemand anders sterben musste? Darauf weiß ich auch keine gute Antwort. Es ist einfach so, wie es ist.«

### ANTWORTVORSCHLAG FÜR TEENAGER, JUGENDLICHE UND JUNGE ERWACHSENE

»Nein, du bist nicht schuld am Tod von XYZ. Selbst wenn ihr euch gerade total gestritten hattet oder sauer aufeinander wart. Niemand kann den Tod von jemand anders auslösen – außer Verbrecher.«

Falls es ein Unfalltod war: »Auch wenn du an dem Unfall beteiligt warst, dann war es trotzdem keine Absicht.«

»Manche Menschen fragen sich: Warum soll ich leben, wenn XYZ sterben musste? Man nennt das ›Überlebensschuld‹ – man fühlt sich schlecht, einfach weil es irgendwie ungerecht ist, dass jemand anders gestorben ist, den du sehr mochtest.«

»Ich weiß auch nicht, warum es so ist, wie es ist. Deshalb hast du aber trotzdem noch lange keine Schuld daran, dass es so ist! Auch wenn das manchmal sehr schwer zu glauben ist. Falls du den Gedanken gar nicht loswirst, sprich darüber. Denn bei Licht betrachtet, bleibt schon viel weniger davon übrig.«

# Was passiert beim und nach dem Tod mit dem Körper?

Herz und Hirn hören auf zu arbeiten. Tote können nichts mehr spüren, nicht mehr hören oder sehen, nicht mehr denken.

Ein natürlicher Tod – also zum Beispiel durch hohes Alter oder eine schwere Krankheit – verläuft meist in etwa so:

Einige Tage vor dem Tod nehmen Hunger und Durst ab. Der Sterbende schläft immer mehr.

Ein bis zwei Tage vor dem Tod setzt häufig bereits eine anhaltende oder zunehmende Bewusstlosigkeit ein.

Einige Stunden vor dem Tod werden nur noch Herz, Lunge und Gehirn ausreichend durchblutet. Arme und Beine fühlen sich bereits kühl an. Das Gesicht wird blasser.

Kurz vor dem Tod wird der Atem unregelmäßig, verlangsamt sich, setzt aus.

Am Todeszeitpunkt hört das Herz auf zu schlagen. Die Körperzellen werden nicht mehr mit sauerstoffreichem Blut versorgt und sterben innerhalb weniger Minuten ab.

Eine halbe Stunde nach dem Tod erkaltet der Körper und es

bilden sich Leichenflecken bzw. Totenflecken – wenn jemand im Liegen starb, zum Beispiel auf dem Rücken. Das Blut wird nicht mehr vom Herzen durch den Körper gepumpt. Deshalb sinkt es – genau wie andere Körperflüssigkeiten – aufgrund der Schwerkraft ab und sorgt für eine fleckige Verfärbung der Haut, an den Stellen, wo der Körper aufliegt.

Zwei bis drei Stunden nach dem Tod versteifen sich die Muskeln, die Totenstarre setzt ein.

Einen Tag nach dem Tod beginnen Enzyme und Bakterien, den Körper zu zersetzen. Die Totenstarre löst sich, die Muskeln werden wieder locker.

Stirbt jemand zu Hause, darf der Leichnam zwischen ein und zwei Tage (vierundzwanzig bis achtundvierzig Stunden, je nach Bundesland) zu Hause bleiben. Es ist vollkommen ungefährlich, die Tote oder den Toten zu berühren. Man kann sie oder ihn auch streicheln, umarmen, küssen.

Früher hat man generell davon abgeraten, Tote noch einmal zu sehen. Heute weiß man, dass es den meisten Menschen hilft, zu verstehen, was passiert ist. Keine Sorge, echte Tote sind überhaupt nicht so gruselig wie Leichen im Film oder Kino. Wenn Sie oder Ihre Kinder den toten Menschen noch einmal sehen möchten, machen Sie das ruhig. Wenn Ihnen das emotional nicht möglich ist, versuchen Sie jemanden zu organisieren, der Ihr Kind für Sie begleitet. Jeder darf für sich selbst bestimmen, ob man die Tote oder den Toten noch einmal sehen möchte. Und wenn ja, wie lange!

Manche Menschen brauchen länger, um sich zu verabschieden, und wollen immer wieder zum Toten oder zur Toten gehen. Anderen Menschen reicht ein »Tschüss« und ein Kuss. Es ist ganz ähnlich so, wie sich Kinder verabschieden, wenn sie morgens zur Schule gehen: Manche sagen fünfzehnmal Tschüss und werfen dreißig Küsschen zu, andere verschwinden mit einem Nicken nach draußen. Es gibt da kein Richtig und Falsch.

Nach spätestens vierundzwanzig bis achtundvierzig Stunden (je nach Bundesland) muss die Leiche von einer Bestatterin oder einem Bestatter abgeholt werden. In Deutschland dürfen Leichen nur in speziellen Leichenwagen transportiert werden, auf keinen Fall (wie in manchen Filmen) im Kofferraum, auf der Rückbank oder gar angeschnallt als Beifahrer.

Die oder der Tote wird bis zur Beerdigung in einem Kühlraum aufbewahrt. Sonst würde die Leiche anfangen, schlecht zu riechen, und es könnten sich auch Krankheitskeime bilden.

Meist findet innerhalb einer Woche das Begräbnis oder die Verbrennung statt. Das Bestattungsgesetz schreibt vor, dass eine Beerdigung frühestens achtundvierzig Stunden nach Feststellung des Todes und spätestens nach acht Tagen durchgeführt werden muss, es sind jedoch Ausnahmen möglich.

Bei einer Erdbestattung wird die Leiche in einen Sarg gelegt, der in ein Grab gesenkt und mit Erde bedeckt wird. Die meisten Särge sind aus Holz. Nach vier bis zehn Jahren sind meist sowohl der Leichnam als auch das Holz zersetzt. Dann vermischen sich also der tote Mensch und sein Sarg immer mehr mit dem umgebenden Erdreich. Die Nährstoffe aus Holz und Leichnam werden von der Erde aufgenommen.

Noch deutlicher wird dieser Kreislauf bei Waldbestattungen. Statt Menschen im Sarg zu bestatten, kann man Leiche und Sarg auch in einem Krematorium bei sehr hohen Temperaturen verbrennen lassen. Die dabei entstehende Asche wird in eine Urne gefüllt. Diese Urnen kann man in anderen Ländern mit nach Hause nehmen, wenn man möchte. In Deutschland ist das nicht ganz so einfach, aber auch möglich – zum Beispiel, indem die Urne vom Bestatter zu einem Kollegen im Ausland und von diesem zurück zur Familie geschickt wird. Eine Urne kann man auf dem Friedhof in einem normalen Grab beisetzen lassen oder auch anonym, also ohne Grabstein. Die dafür verwendeten Urnen sind meist aus Stein. Es gibt aber auch Urnen aus

Holz oder sogar Karton. Sie zerfallen in der Erde recht schnell. Meist werden sie für Waldbestattungen genutzt, bei denen die Asche der Verstorbenen am Fuße eines Baumes vergraben wird. Dieser Baum bezieht dann einen Teil seiner Nährstoffe aus dem Material der Urne und der Totenasche. Der oder die Tote wird also wortwörtlich Teil des Baumes. Dies ist nur in bestimmten Waldgebieten erlaubt, nicht etwa im eigenen Garten oder im Park um die Ecke. Mehr wissen die Bestatterinnen und Bestatter.

## SONDERFALL HIRNTOD

Seltener als an einem Herztod sterben Menschen an einem Hirntod. Kommt es zum Beispiel bei einem Unfall oder durch eine schwere Infektion zu großen Schäden am Gehirn, so kann es passieren, dass das Gehirn nicht mehr funktioniert. Das kann man im Krankenhaus mithilfe einer Messung der Hirnströme – dem EEG – feststellen. Heutzutage können Menschen künstlich beatmet werden, und auch der Herzschlag kann durch die Arbeit einer Maschine ersetzt werden. Das bedeutet, die Körperzellen werden weiterhin mit Blut versorgt. Der Körper sieht also aus, als ob der Mensch leben würde – sein Gehirn ist aber für immer tot.

Lange wurde darüber diskutiert, ob Menschen, die ohne eine Herz-Lungen-Maschine sofort endgültig sterben würden, nun noch leben oder nicht. Mittlerweile ist es per Gesetz so geregelt, dass zwei erfahrene Ärzte unabhängig voneinander mithilfe ausführlicher Untersuchungen den Hirntod feststellen müssen – dann wird die Person als tot angesehen, und die Maschinen dürfen und sollen abgestellt werden. Damit beginnt der natürliche Zerfallsprozess, wie oben beschrieben.

Hat sich jemand als Organspender registrieren lassen, so

müssen die Spenderorgane möglichst gut durchblutet sein. Sie werden daher entnommen, bevor die Herz-Lungen-Maschine abgeschaltet wird. Man geht davon aus, dass der Patient dabei keine Schmerzen spüren kann, denn das Gehirn, in dem die Schmerzzentren sitzen und überhaupt alle Sinneswahrnehmungen umgewandelt werden, ist ja tot. Dennoch fänden viele Experten es besser, wenn zusätzlich noch eine herkömmliche Narkose angewandt würde.

Bei Menschen, die im Koma liegen, weiß man nicht, was ihr Gehirn wahrnimmt. Man geht jedoch davon aus, dass sie manche Reize erleben. Deshalb wird dazu geraten, sie zu berühren und mit ihnen zu sprechen. Manchmal werden Personen künstlich in ein Koma versetzt, damit der Körper seine ganze Kraft auf einen Heilungsprozess konzentrieren kann. Aus einem Koma können Menschen wieder erwachen. Vom Hirntod nicht.

## Woher kommt der Begriff »Leichengift«?

Früher dachte man, weil bei der Verwesung von toten Tieren und Menschen so ein intensiver Geruch entsteht, müsse das an einem gefährlichen Stoff liegen. So kam man auf die Idee, dass es Leichengift gebe. Denn wenn man zum Beispiel ein stark verwestes Tier mit den Händen anfasst, kann man krank werden – und früher konnte man an diesen Krankheiten auch sterben. Doch die Erkrankung liegt in dem Fall nicht am Totsein, sondern an ganz normalen Krankheitserregern.

So etwas wie Leichengift gibt es nicht, weder kurz nach dem Tod noch später. Sonst könnte niemand Fleisch essen. Man kann und darf einen toten Menschen anfassen, umarmen oder auch küssen. Das ist ganz und gar ungefährlich.

# Gibt es eine Seele? Wo ist die dann?

Der Körper von einem geliebten Menschen ist tot. Er wird sich nie wieder bewegen können. Aber an seine Persönlichkeit erinnern wir uns. Sie bleibt bei uns.

Körper und Seele sind wie Handschuh und Hand. Wenn jemand stirbt, ist es so, als würde man die Hand aus dem Handschuh herausziehen. Übrig bleibt die leblose äußere Hülle.

Wir Menschen sind nicht nur unser Körper. Wir sind auch unsere Gedanken, unsere Persönlichkeit, unsere Wünsche und Träume, unser Verhalten. Ähnlich ist es mit manchen Tieren – eine Katze, ein Hund oder ein Pferd haben viel mehr Charakter und Ausdrucksmöglichkeiten als ein Fisch oder eine Echse.

Warum das so ist und wie es funktioniert, weiß niemand. Manche Menschen glauben, in uns wäre die Seele. Der Körper ist sozusagen nur das Gefäß. Dann könnte es sein, dass die Seele unsterblich ist und uns immer wieder mal besuchen kommt. Andere stellen sich vor, die Seelen kommen in den

Himmel, und dort geht es ihnen besonders gut. Es kann auch sein, dass mit dem Tod alles vorbei ist und nur die Erinnerung bleibt.

Schon seit langer Zeit beschäftigen sich die Menschen mit der Frage: Wie kann das Denken den Körper steuern? Wie ist es möglich, dass ich meinen Arm heben kann, nur weil ich das will? Warum schmeckt Schokolade wie Schokolade, und wieso fühlt sich Samt samtig an? Umgekehrt behaupten heute schon einige Informatiker, bald würden auch Computer eine Art »Bewusstsein« entwickeln, das man von einem Menschen nicht mehr unterscheiden könne. Jedenfalls weiß bislang niemand so ganz genau, wie unser Bewusstsein zu erklären ist, warum wir »mehr« sind als nur ein Körper. Denn auch Tiere haben Gehirne, sie können denken, Pläne schmieden, Freude und Schmerz empfinden. Aber irgendwie unterscheiden sich Menschen von Tieren. (Es gibt auch Forscher, die das bestreiten und der Ansicht sind, dass Menschen eben nur besonders leistungsfähige Tiere sind.)

Als Seele oder manchmal auch als Persönlichkeit bezeichnen wir, was einen Menschen über seinen Körperbau und seine körperlichen Fähigkeiten hinaus ausmacht. Also ob jemand liebevoll ist, aufmerksam, nachdenklich, aufbrausend. Seine »Art« oder das »Wesen«. Dabei geht man davon aus, dass sich eine Persönlichkeit im Lauf des Lebens vielleicht noch ein wenig verändert, die Seele hingegen ist die Essenz unseres unveränderlichen, uns von Anfang bis Ende innewohnenden Ichs.

Niemand weiß, ob es die Seele gibt, und wenn ja, wie ihre Verbindung mit dem Körper aussieht. Vielleicht stirbt sie, wenn der Körper stirbt. Vielleicht ist sie unsterblich, vielleicht löst sie sich auf und wird ein Teil des Universums oder in anderer Form wiedergeboren. Viele Menschen finden die Vorstellung tröstlich, dass Verstorbene nicht vollkommen verschwinden, sondern in gewisser Weise noch bei uns bleiben können.

Sicher ist: Solange wir uns an jemanden erinnern, ist er oder sie nicht ganz weg. Alles darüber hinaus könnte so oder so sein. Daher sollte man sich von niemand vorschreiben lassen, was richtig oder falsch ist.

# Was kommt nach dem Tod – und kann man wieder aufwachen, wenn man schon tot war?

Manche Menschen waren klinisch tot. Das heißt, ihr Herz hat nicht mehr geschlagen, und ihr Hirn hat nicht mehr auf Reize reagiert. Und dann sind sie doch wieder »aufgewacht«. Das passiert sehr, sehr selten. Ärzte gehen davon aus, dass der Tod eben nicht korrekt festgestellt worden war. Das ist allerdings umstritten.

Natürlich werden diese Menschen gefragt, ob sie in der Zeit der Bewusstlosigkeit etwas erlebt haben. Manche berichten davon, dass sie im Raum geschwebt seien. Andere erzählen, sie wären durch einen Tunnel auf ein Licht zugegangen. Die meisten von ihnen berichten von angenehmen, friedlichen Erfahrungen. Man nennt diese Berichte »Nahtoderfahrungen«, weil die Menschen dem Tod nahe waren, aber dann doch nicht gestorben sind.

Vielleicht bedeuten ihre Berichte, dass es ein Jenseits gibt und dass es dort angenehm ist. Manche Experten sind allerdings auch der Ansicht, es handele sich schlicht um Fehlfunktionen des Gehirns, Halluzinationen durch Sauerstoffmangel.

# Wie lange dauert Traurigsein?

## INFO FÜR ELTERN UND BEZUGSPERSONEN

Weit verbreitet ist die Ansicht, dass Trauer in fünf Phasen abläuft. Dies geht zurück auf die Sterbeforscherin Elisabeth Kübler-Ross. Sie schrieb darüber, welche Phasen *Sterbende (nicht: Trauernde!)* ihrer Ansicht nach durchlaufen. Später distanzierte sie sich von dem Modell. Viele Menschen kennen es jedoch trotzdem, weil es im ersten Moment sehr plausibel klingt.

### TRAUERPHASEN NACH KÜBLER-ROSS

Die fünf Phasen der Trauer wären demnach:

- Leugnen (abstreiten, nicht wahrhaben wollen)
- Zorn (Warum ich/er? So ein verdammter Mist aber auch!)
- Verhandeln (Bleibe ich verschont, wenn ich sofort aufhöre zu rauchen? Wird Opa wieder lebendig, wenn ich ganz brav bin?)

- Depression (Es ist alles so verdammt traurig und wird auch nie wieder besser werden!)
- Akzeptanz (Es ist, wie es ist)

Noch vor zwanzig, dreißig Jahren dachte man, die normale Reaktion auf einen Verlust (des eigenen Lebens, eines nahen Verwandten, überhaupt alle Arten von Verlusten) würde und sollte genau so und in genau dieser Reihenfolge ablaufen. Wer das nicht hinbekam, war krank oder gab sich nicht genug Mühe.

Dann stellte man fest: Das stimmt so nicht. Also wurde das Modell der Wirklichkeit angepasst – oder zumindest angenähert –, indem man nun meinte: Die Phasen stimmen schon, sie werden aber nicht hintereinander, sondern durcheinander bewältigt, und es gibt nicht nur Fort-, sondern auch Rückschritte. Man ging also davon aus, wer einen Verlust erleidet, müsse alle diese Phasen durchlaufen, um glücklich und zufrieden weiterleben zu können. Die Reihenfolge war egal, man konnte auch Phasen mehrmals abarbeiten, aber keine auslassen.

Also etwa so:

**Sterbephasen nach Kübler-Ross**

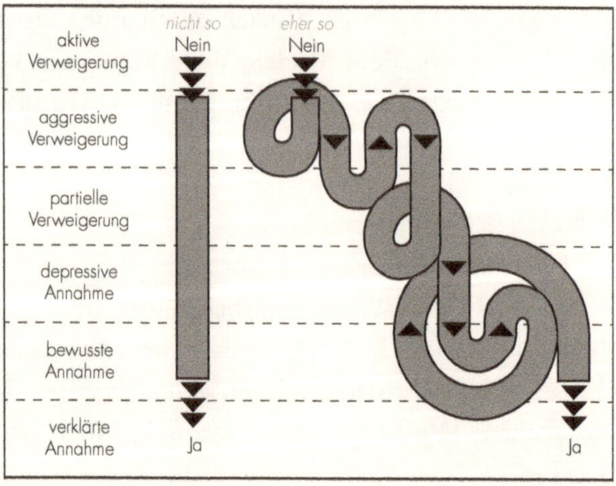

Auch dieses Modell überzeugt aber nicht wirklich. Jeder Mensch trauert anders – inhaltlich und zeitlich unterschiedlich. Manchmal kehrt die Trauer auch nach längerer Zeit zurück, manchmal nicht.

### TRAUERAUFGABEN NACH WILLIAM WORDEN

William Worden entwickelte aus seinen Beobachtungen ein anderes Modell, das der Wirklichkeit schon deutlich näherkommt. Er geht davon aus, dass die Trauer uns eine Art »Aufgabe« stellt, die wir bewältigen müssen, um gereift daraus hervorzugehen. Das ist lästig und anstrengend, aber im Grunde nicht viel anders als andere Lebensaufgaben auch, die wir irgendwie hinkriegen sollen – wie zum Beispiel lernen, Geld verdienen, sich verlieben, Kinder erziehen.

Diese Aufgaben haben keine spezielle Reihenfolge, in der sie erledigt werden sollten. Manchmal können wir eine der Aufgaben erst einmal auch nur teilweise lösen und kehren später im Leben zu ihr zurück. Das ist alles in Ordnung. Es geht vor allem darum, sich nicht so mies zu fühlen, weil deutlich wird: Jeder Mensch in einer solchen Situation hat diese oder ähnliche Probleme. Du bist ganz normal. Und so unangenehm oder schwierig ein Moment auch erscheinen mag, die meisten Menschen kriegen das mit der Zeit wieder hin.

Die Aufgaben machen auch klar, warum wir nach tiefer Trauer nicht mehr so sind wie vorher. Das kennt man ja schon von sehr kleinen Kindern. Wenn sie zum Beispiel vom Schnuller Abschied nehmen, können (und wollen) sie später nicht mehr in diese Frühphase ihres Lebens zurückkehren. Sie haben sich verändert, sind innerlich gewachsen.

Die Traueraufgaben nach Worden sind:

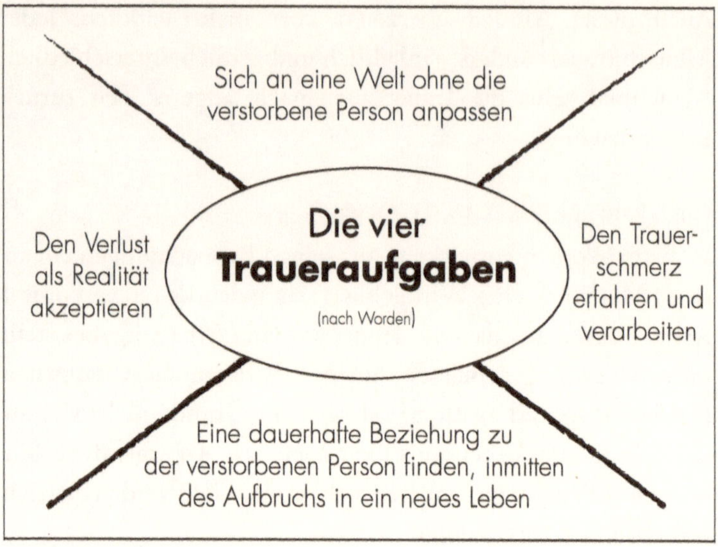


Den **Verlust als Realität zu akzeptieren** bedeutet, wirklich ganz tief zu verstehen, dass die (geliebte) Person tot ist und wir ihr niemals wieder begegnen werden. Manche Menschen müssen sich immer wieder selbst daran erinnern, dass die Person gestorben ist. Ein Schwanken zwischen »Ja, ich weiß, Mama ist tot« und »Das kann einfach nicht wahr sein, ich glaub es nicht« ist völlig normal.

Die Leiche zu sehen und vielleicht sogar anzufassen hilft dabei, den Tod als Tatsache anzuerkennen. Ebenso die Rituale des Abschieds und der Beerdigung.

Trotzdem kann es auch nach Jahren noch vorkommen, dass man auf einmal ganz sicher ist, zum Beispiel die Stimme des verstorbenen Menschen gehört oder seinen Duft wahrgenommen zu haben.

Die Trauer begleitet uns den Rest des Lebens. Das ist nicht schlimm, sondern nur anders. Im Trauerprozess geht es nicht darum, die Trauer »loszuwerden«, sondern den Schmerz zu lindern!

Den **Trauerschmerz zu erfahren und zu verarbeiten** klingt vielleicht nach der unerfreulichsten aller Aufgaben. Wer will schon Schmerzen haben? Der Schmerz hilft uns jedoch dabei, auch emotional zu verstehen, dass ab jetzt alles anders sein wird.

Die meisten von uns neigen dazu, Schmerz wegschieben oder verleugnen zu wollen. »Ist schon besser«, behaupten wir und wollen es auch fühlen. »Jetzt muss doch bald auch mal Schluss sein mit dem Gejammer«, sagen wir ärgerlich zu uns selbst. »Was bringt es denn, immer weiter zu heulen?« Wir trinken dann Alkohol, betäuben uns mit TV oder Internet, Arbeit oder Sport. Auch Kinder und Jugendliche finden schon diese und ähnliche Auswege.

Wie also sollen und können wir den Schmerz erfahren und verarbeiten? Indem wir ihn tatsächlich als vorhanden zulassen und anerkennen. Wir sind (jetzt gerade) traurig, und das tut weh. Das ist nicht schön, aber wahr. Wenn Sie der Meinung sind, Sie würden zu viel Trauer empfinden, die Trauer würde alles auffressen, können Sie die Trauerzeit begrenzen auf zum Beispiel eine Stunde oder dreißig Minuten und danach einkaufen gehen, zur Arbeit oder spazieren. Oder umgekehrt: Wenn Sie bemerken, dass Sie sich vor der Trauer drücken, können Sie – wenn Sie wollen – versuchen, sich auf eine von vornherein begrenzte Trauerzeit von dreißig Minuten oder einer Stunde einzulassen. Und danach geht das Leben wieder weiter.

Kindern und Jugendlichen sollten Sie, soweit Ihnen das möglich ist, durch Aussagen und Vorleben deutlich machen, dass es okay ist, traurig zu sein. Und es ist auch okay, in einem bestimmten Moment nicht traurig zu sein. Gefühle wandeln sich ständig, das können wir nicht verhindern, wir können es bestenfalls zulassen und beobachten.

Wie soll man sich **an eine Welt ohne die verstorbene Person anpassen?** Die oder der Tote hatte viele Rollen und Aufgaben. Kochen, Geld verdienen, Geschichten vorlesen, alles wieder gut machen, Ordnung halten, verrückte Ideen haben, Urlaub planen und so weiter. All diese Aufgaben müssen jetzt neu verteilt werden. Und was ist mit dem Platz am Tisch oder beim Fernsehabend? All das muss neu geregelt, verhandelt, abgemacht werden. Und dann muss man sich daran gewöhnen. Das dauert. Und wenn man denkt, man hat es hinter sich, kommt auf einmal das Fest oder der Feiertag, an dem der oder die Verstorbene immer ein bestimmtes Lied gesungen oder ein bestimmtes Essen gekocht hat. So hangelt man sich Schreckmoment für Schreckmoment durch ein paar Monate oder das erste Jahr.

Stirbt ein Elternteil oder ein Geschwisterkind, ist die Anpassung besonders schwierig, denn dieser Tod war ja nicht vorgesehen. Er erschüttert unsere Erwartungen an das Leben. Denn auf einmal ist da eben niemand mehr, mit dem man – ob man will oder nicht – alles teilt. Oder es fehlt jemand, der zwar ständig genervt hat, bei dem aber klar war, dass er oder sie bei allen wichtigen Momenten, wie Schulabschluss, Auszug, Hochzeit, dabei sein würde. Diese Lücke lässt sich nicht füllen, das ist auch nicht Ziel dieser Traueraufgabe. Sondern dass wir lernen müssen, mit der Lücke zu leben. Wir müssen uns daran gewöhnen, dass unser Leben und unser Alltag jetzt anders sind als zuvor. Das braucht Zeit und oft auch Kraft und Aufmerksamkeit. Diese Aufgabe ist besonders frustrierend, weil sie manchmal die Frage aufsteigen lässt: Was soll das alles? Und weil es darauf keine befriedigende Antwort gibt.

Wir können nur versuchen, mit Geduld und Selbstmitgefühl das Beste daraus zu machen.

**Inmitten des Aufbruchs in ein neues Leben eine dauerhafte Verbindung zu der verstorbenen Person zu finden** bedeutet, dass uns nichts anderes übrig bleibt, als das Leben so weiterzuleben, wie es jetzt ist. Anders als vorher. Was anstrengend sein kann und viel Aufmerksamkeit erfordert. Aber es ist ein vorwärtsgewandtes Tun.

Zugleich fühlen wir uns schlecht, wenn wir alle Gedanken an den verstorbenen Menschen zurücklassen sollen. Das fand man vor zwei Generationen noch ganz normal und hilfreich: »Jetzt denk nicht mehr an die Oma, dann bist du auch nicht so traurig«, »Hör auf zu weinen, das ist deine neue Mami, sie heißt Marianne.« Inzwischen weiß man, dass dieses Totschweigen dem Familiensystem nicht guttut.

Die für uns wichtigen Toten müssen einen Platz in unserem Leben haben. Das kann ein Foto sein, ein Andenken, ein Ritual. Wenn es uns gelingt, der inneren Verbundenheit zu der Person eine Form zu geben, nimmt unsere Verunsicherung ab. Weil wir verstehen: Früher war es so – so kann es nie mehr sein –, nun ist es anders, aber ich weiß wenigstens, wie es ist, und muss nicht immer gegen das Vergessen ankämpfen oder ein schlechtes Gewissen haben. Ziel ist, die Tatsache, dass eine geliebte Person tot ist, nicht zu verdrängen oder zu vergessen, sondern auf praktikable Weise in den Alltag zu integrieren. Dafür muss man Dinge ausprobieren, verwerfen, überlegen, neue Ideen testen. Bis es passt und sich für den Moment okay anfühlt.

Es geht nicht darum, diese vier Traueraufgaben zack-zack abzuarbeiten. Und es gibt auch keine richtigen oder falschen Ergebnisse. Die Aufgaben haben einzig den Nutzen, sich darüber klar werden zu können, wie schwierig der Umgang mit Trauer ist, wie groß und ernsthaft die Probleme sind, denen fast jeder Mensch früher oder später begegnet. Im günstigsten Fall sind wir dann besser vorbereitet, können manche Emotion vielleicht leichter deuten, einordnen und verstehen. Nicht nur bei uns, sondern auch bei unseren Kindern.

Mit Blick auf Kinder und Jugendliche nützt diese Liste der Traueraufgaben auch dabei, gezielt Raum und Gelegenheit zu schaffen für eine mögliche Auseinandersetzung mit diesen Themen. Ohne sie erzwingen zu wollen. Das ist alles nicht leicht, aber mit mehr Wissen um diese Aufgaben wird es vielleicht etwas leichter.

### KALEIDOSKOP DER TRAUER NACH CHRIS PAUL

In gewisser Weise ähnlich, aber noch etwas differenzierter ist das Modell des Trauerkaleidoskops der deutschen Trauerberaterin Chris Paul. Kaleidoskope sind Spielzeuge, die in der Form an ein Fernrohr erinnern. Durch mehrfache Spiegelung von Glassteinchen im Inneren entstehen beim Drehen unterschiedliche geometrische Muster. So ist es auch mit der Trauer: Sie verändert sich, nimmt immer wieder neue Formen an, rückt unterschiedliche Aspekte in den Vordergrund.

Paul definiert sechs hervorstechende Elemente:

## Das Kaleidoskop des Trauerns

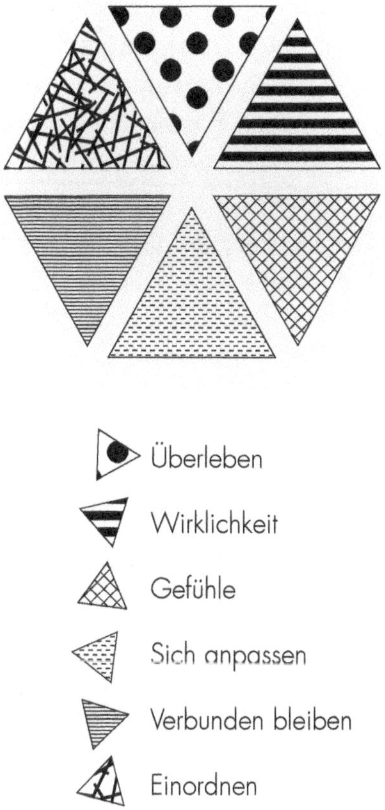


**Überleben** ist das Notprogramm. Atmen, aufstehen, schlafen, den nächsten Tag durchstehen. Ohne zu überleben sind alle anderen Traueraufgaben nicht möglich. Deshalb ist es nicht nur okay, sondern manchmal für einige Zeit sogar notwendig, nicht mehr zu tun als das gerade Allernotwendigste. Im Überlebensmodus setzen wir uns nicht mit dem Tod oder der Trauer auseinander, sondern wir lenken uns ab, treffen uns mit Freunden, surfen im Internet, schauen Serien, schlafen, gucken zum Fenster hinaus, nehmen ein Bad oder schreien uns im Wald heiser. Alles geht. Nichts muss. Das einzige Ziel ist, diesen Tag zu überstehen. Und den nächsten. Und den, der dann kommt. Das mag sich in dem Moment frustrierend anfühlen, ist aber ganz normal.

Die **Wirklichkeit zu begreifen** kann sich unerträglich anfühlen. Ein geliebter Mensch ist wirklich tot. Es fällt schwer, das zu verstehen, und zu erfassen, was es bedeutet. Dabei kann es helfen, den verstorbenen Menschen wortwörtlich zu begreifen, also nach dem Tod noch einmal zu berühren. Es ist wichtig, klar zu sagen, was geschehen ist: »XYZ ist tot.«, »XYZ ist gestorben.« Und nicht: »von uns gegangen«, »eingeschlafen«, »an einem besseren Ort«.

Informationen über Todesumstände – zum Beispiel bei einem Unfall oder einer Krankheit, bei einem Todesfall an einem anderen Ort – sind ebenfalls wertvoll. Zu dieser Facette des Kaleidoskops gehört auch die Überlegung, ob und was es nach dem Tod noch geben könnte.

Trauer kann sehr intensive **Gefühle** auslösen oder hervorbringen, darunter Verzweiflung, Wut, Schmerz, Erleichterung, Angst, Neid, Sehnsucht, Dankbarkeit, Zorn. Sie sind alle wichtig und dürfen sein. So viel zu fühlen ist anstrengend und lenkt ab von den Aufgaben, die man vielleicht erledigen will oder soll. Aber sie helfen auch dabei, mit der Trauer irgendwie umzugehen. Es ist hilfreich, wenn möglich, die Gefühle zum Ausdruck zu bringen. Also zu weinen, zu schreien, zu singen, zu tanzen.

Das Grab zu besuchen, Tagebuch zu schreiben, Erinnerungsstücke oder Fotos durchzusehen.

Es können auch körperliche Schmerzen auftreten, zum Beispiel Kopfschmerzen oder Magenkrämpfe, Atemnot, Herzschmerzen. Kinder und Jugendliche beginnen manchmal wieder, nachts ins Bett zu machen. In den allermeisten Fällen gibt sich das nach einigen Wochen oder Monaten von selbst. Es ist aber entlastend, zu wissen, dass es passieren kann. Auch Schlafen, Essen und Körperhygiene erscheinen manchen Menschen viel zu anstrengend. Es ist gut, in diesen Momenten möglichst viel freundliche Geduld mit sich oder Angehörigen aufzubringen und möglichst (selbst-)fürsorglich zu handeln, also zum Beispiel wenigstens eine Kleinigkeit zu essen und zu trinken oder sich (gemeinsam) auszuruhen, wenn an Schlaf nicht zu denken ist.

Nach dem Tod eines geliebten Menschen (oder auch eines geliebten Tiers) verändert sich sehr viel. Wir müssen uns an die neue Realität **anpassen,** ob wir wollen oder nicht. Und mit der Zeit gelingt das auch. Rollen, Aufgaben und Abläufe ändern sich, müssen neu verteilt werden. Auch die Menschen, denen wir begegnen, verhalten sich auf einmal anders. Oft aus Ratlosigkeit oder Hilflosigkeit. Es ist anstrengend und kräftezehrend, sich auf diese Veränderungen einzustellen und einzulassen oder neue Verhaltensweisen auszuprobieren.

Versuchen Sie, die Anpassung nicht zu erzwingen – nach dem Motto »Du musst jetzt seine oder ihre Sachen endlich aus dem Haus schaffen, damit du nicht mehr ständig an ihn oder sie denkst«. Vielmehr sollten Sie auf sich achten und in Ihrem eigenen Tempo vorgehen. Das kann vollkommen anders sein als das Tempo anderer Familienmitglieder. Dann ist es besser, darüber zu sprechen und Kompromisse auszuhandeln, als regelmäßig in Streit zu geraten.

Auch Chris Paul geht davon aus, dass wir den Menschen, die wir geliebt haben und die uns nahestanden, **verbunden bleiben** wollen, können und sollten. Nach dem Tod fallen alle körperlichen Gesten der Verbundenheit (Blicke, Berührungen, Unternehmungen) weg. Man muss mit Erinnerungen auskommen. Manche Menschen träumen von Verstorbenen oder haben das Gefühl, diese wären auf eine nicht beweisbare Art noch Teil ihres Lebens.

Manchmal werden Verstorbene idealisiert, das macht es schwerer, den Kontakt zu ihnen zu erhalten. Denn im Leben waren sie Menschen wie alle anderen, mit guten und weniger guten Eigenheiten. Früher dachte man, es wäre hilfreich, den Verstorbenen weitgehend zu vergessen. Heute weiß man, wenn es gelingt, sie oder ihn »im Herzen zu führen«, können wir uns leichter wieder öffnen für das Leben, weil wir nicht in einem Loyalitätskonflikt stecken.

Trauer provoziert oft elementare Fragen: Warum ist das Leben, wie es ist, welchen Sinn hat es, warum soll man sich überhaupt auf jemand einlassen, wenn das doch nur Risiken und Schmerzen mit sich bringt? Wir sind gezwungen, die Tatsache des Todes in unser Weltbild **einzuordnen,** zu integrieren. Grundüberzeugungen werden überprüft, verworfen, angepasst. Unsere Rolle in der Welt ändert sich vielleicht, wir sind (momentan) nicht mehr Partner oder Partnerin, jedenfalls nicht so wie bisher, oder es gerät sogar die Generationenfolge durcheinander, wenn ein Kind vor den Eltern stirbt. Wie kann das sein, und wie soll das Leben weitergehen, wenn man weiß, dass auf nichts Verlass ist? Todesfälle können große Ängste auslösen oder wiedererwecken. Welche Konsequenzen für unsere Sicht auf die Zukunft hat die Tatsache, dass sich das Leben auf von uns unkontrollierbare Weise verändern kann und wird? Auf die Dauer gelingt es meist immer besser, Freude und Leid nebeneinander stehen zu lassen, denn in jedem Leben gibt es beides.

Bei allen drei Konzepten handelt es sich um *Modelle* der Wirklichkeit. Sie abstrahieren und generalisieren. Niemand muss oder wird genauso trauern wie in einem dieser Modelle. Aber bei den meisten Menschen tauchen die meisten Themen, Aspekte oder Facetten früher oder später im Verlauf der Trauer auf.

Das gilt auch für Kinder und Jugendliche, bei denen jedoch nicht immer alle Emotionen und Fragen leicht erkennbar sind. Schon Erwachsene erkennen manchmal eine ganze Zeit lang nicht, was eigentlich wirklich los ist oder was hinter einer bestimmten Verhaltensweise steckt. Bei Kindern und jungen Erwachsenen ist das noch häufiger der Fall. Sie können selbst nicht recht in Worte fassen, was sie bewegt. Und es ist auch für Eltern oder Bezugspersonen nicht erkennbar. Das ist schwierig und durchaus unpraktisch, aber normal und altersgemäß. Die Informationen oben sowie die Tipps weiter unten können Ihnen dabei helfen, Vermutungen anzustellen, Fragen zu formulieren und Gesprächsangebote oder Vorschläge für gemeinsame Aktivitäten zu machen.

Nur selten (bei maximal zehn Prozent der Betroffenen) kommt es zu sogenannter komplizierter Trauer. Und es ist sowieso umstritten, ob das ein Krankheitsbild ist oder nur Ausdruck des gesellschaftlichen Wunsches, nicht mit Trauer konfrontiert zu sein. Wenn Sie der Ansicht sind, mit der eigenen Trauer nicht mehr klarzukommen, nehmen Sie »probeweise« Unterstützung in Anspruch: eine Trauergruppe oder eine Therapie. Denn: Verständnis hilft, ebenso, nicht allein zu sein!

Nach diesem Exkurs über die vielen Elemente, Phasen, Facetten oder Bestandteile der Trauer können wir uns endlich der Frage widmen, die sich viele Eltern selbst stellen – und die viele Kinder und Jugendliche ihren Eltern stellen: »Wie lange dauert Traurigsein?«

## ANTWORTVORSCHLAG FÜR KINDERGARTENKINDER

»Das ist bei jedem Menschen unterschiedlich. Manchmal geht die Trauer auch für eine Weile weg und kommt dann wieder. Das ist okay. Wichtig ist nicht, möglichst schnell mit dem Traurigsein fertig zu werden. Sondern traurig sein zu dürfen. Egal, wie lange, und egal, wie oft.«

## ANTWORTVORSCHLAG FÜR GRUNDSCHULKINDER

»Jeder Mensch trauert anders. Manche weinen viel, andere nur selten. Manche möchten viel unternehmen, andere wenig. Das ist okay. Trauer kommt und geht. Dann kommt sie wieder und geht wieder. Oft kommt sie, wenn uns etwas an die Person erinnert, die wir vermissen. Mit der Zeit wird die Trauer weniger, und du erlebst wieder mehr schöne Momente. Aber irgendwann kehrt die Trauer vielleicht doch noch mal ganz unerwartet zurück. Man kann das nicht ändern, sondern nur möglichst nett zu sich selbst sein, wenn es passiert.«

## ANTWORTVORSCHLAG FÜR TEENAGER

»Einerseits finden wir Trauer unangenehm und wollen, dass sie weggeht oder aufhört. Andererseits haben viele von uns dann Angst oder ein schlechtes Gewissen. Angst, wir würden die verstorbene Person vergessen, und ein schlechtes Gewissen, weil wir vielleicht Spaß haben, obwohl jemand tot ist, den wir sehr geliebt haben. Trauer kommt und geht, dann kommt sie wieder und geht wieder. Das ist ganz normal.

Es ist traurig, wenn jemand stirbt, der uns wichtig war. Diese Trauer nehmen wir mit. Wir lernen aber immer besser, wie wir mit ihr klarkommen. Wie lange das dauert? Ist bei jedem unterschiedlich. Das kann nerven, lässt sich aber nicht ändern. Viele Menschen sagen, das erste Jahr sei das schwerste. Weil man alle besonderen Tage wie Geburtstag, Weihnachten und so weiter ohne die Person erleben muss.

Auch später im Leben kann die Trauer noch mal wiederkommen. Das ist okay.«

## ANTWORTVORSCHLAG FÜR JUGENDLICHE UND JUNGE ERWACHSENE

»Trauer ist eine sehr komplexe Emotion mit vielen unterschiedlichen Anteilen. Außerdem ist sie oft sehr intensiv. Die meisten Menschen empfinden Trauer als sehr unangenehm und würden sie gern möglichst schnell loswerden. Leider geht das nicht. Wenn wir Trauer verdrängen, haben wir zwar einige Zeit unsere Ruhe. Aber irgendwann später taucht sie dann doch wieder auf. Trauer um große Verluste dauert meist länger als bisher angenommen. Früher ging man von einem ›Trauerjahr‹ aus. Heute weiß man, dass Trauer auch deutlich länger anhalten kann. Es ist auch möglich, dass sie für einige Zeit verschwindet und dann wieder auftaucht, zum Beispiel an einem Jahrestag oder zu wichtigen Anlässen wie dem Schulabschluss oder der Hochzeit. All das ist normal.«

»Trauer hilft uns, die Tatsache zu verstehen, dass eine für uns sehr wichtige Person gestorben ist und wir sie wirklich niemals wiedersehen werden. Deshalb raten viele Trauerberater inzwischen, wir sollten die Trauer einfach in Ruhe ihr Ding machen lassen, statt sie unbedingt loswerden zu wollen. Und lieber versuchen, den *Schmerz* zu lindern. Durch ein Gespräch mit Freunden, einen Tag nur für dich, einen Besuch am Grab, Sport, einen Film, der dir Freude macht.«

»Wichtig: Man kann sehr traurig sein und trotzdem Phasen im Tag haben, in denen die Trauer in den Hintergrund tritt. Man kann auch mal ausgelassen und fröhlich sein und die Trauer ganz vergessen, gar nicht mehr spüren. Das ist vollkommen in Ordnung. Trauer ist nicht etwas, das wir möglichst schnell abarbeiten, erledigen oder loswerden sollen. Sondern sie ist ein intensives Gefühl, das dich (und alle anderen Menschen) in der einen oder anderen Form durch das ganze Leben begleitet. Andererseits hat tiefe Trauer auch eine positive Seite. Wenn du das erlebt und durchgestanden hast, weißt du ganz genau, dass dich nichts mehr unterkriegen kann.«

## Wenn Papa jetzt tot ist, kann ich dann sein Handy haben? Und was wird aus den Internetveröffentlichungen eines verstorbenen Menschen?

Dinge, die einem Menschen gehört haben, werden vererbt. Mit dem Handy selbst ist es also eigentlich einfach: Es gehört dem oder den Erben; wenn es mehrere sind, müssen die sich einigen.

Anders ist es mit den Daten auf dem Handy oder auf dem Computer oder in der Cloud, auf irgendwelchen Servern. Wem die gehören, ist umstritten.

Das führt dazu, dass auch umstritten ist, ob Passwörter von Menschen, die gestorben sind, geknackt werden dürfen.

Wenn Sie das Passwort oder die Passwörter wissen, ist alles ganz einfach. Dann können Sie mit den Daten faktisch machen, was Sie wollen – Sperre aufheben, alles löschen, Handy neu formatieren.

Ist das Passwort aber nicht bekannt oder lässt sich nicht leicht erraten, können neuere Geräte kaum mehr entsperrt werden. Weil nach jedem Fehlversuch eine immer länger werdende Wartezeit eingefügt wird.

In einem solchen Fall lassen sich viele Geräte (vor allem

Handys und Tablets) auch nicht für neue Benutzer freischalten. Sie sind dann praktisch unbrauchbar. Bei Laptops oder Desktop-Computern ist es möglich, den Speicher komplett zu löschen und das Gerät neu einzurichten. Dann sind aber endgültig alle Daten weg.

Sind die Zugangspasswörter unbekannt, können Sie auch keinen Zugriff erlangen auf soziale Medien, Chats und Veröffentlichungen im Internet. Theoretisch können Sie den Erbschein an den Anbieter schicken, in der Praxis sitzen die meisten Anbieter in den USA und finden deutsche Erbscheine unwichtig. Bei Facebook können Sie ein Profil in den »Gedenkzustand« versetzen lassen (www.facebook.com/help/150486848354038). Verifizierte unmittelbare Familienangehörige können auch die Löschung eines Kontos beantragen.

Also alles nicht so einfach. Am Ende bleibt:

- Wenn das Passwort nicht bekannt ist, wird es zumindest schwierig, das Handy weiter zu benutzen. Ob man es von Profis entsperren lassen darf, ist umstritten, häufig ist das auch nicht möglich oder teurer als ein neues Handy.
- Es ist wahrscheinlich so gut wie unmöglich, alle digitalen Spuren eines verstorbenen Menschen zu löschen. Daher kann es auch nach Jahren noch geschehen, dass online zum Beispiel Urlaubsbilder abrufbar sind. Viele finden das schrecklich, doch es lässt sich nicht ändern.

# Wie läuft die Beerdigung ab?
# Von der Einladung bis zur Etikette

Bei der Beerdigung wird der Mensch begraben, der gestorben ist. Sein Körper wird in einen Sarg gelegt. Manchmal werden der Sarg und die Leiche verbrannt. Davon merkt der tote Mensch nichts. Er kann nichts mehr spüren. Danach wird die Asche in eine Urne gefüllt. Die sieht aus wie eine Vase mit Deckel.

Manchmal wird auf einer Beerdigung gesungen, oder es werden Reden gehalten. Hinterher wird meistens noch zusammen gegessen.

Früher dachte man, Kinder sollten besser nicht auf Beerdigungen gehen. Das wäre zu traurig für sie. Heute weiß man: Auch Kinder möchten sich von den Menschen verabschieden, die gestorben sind.

## TRAUERANZEIGE UND TRAUERFEIER

Wenn ein Mensch stirbt, werden oft Traueranzeigen verschickt. Das sind Karten, auf denen steht, wann er oder sie gestorben ist. Möchte man jemand darüber nicht nur informieren, sondern auch zur Beerdigung einladen, legt man einen Zettel bei, wann die Trauerfeier stattfinden wird.

Trauerfeiern können in einer Kirche oder in einer Kapelle abgehalten werden oder in den Räumen des Friedhofs. Das hängt davon ab, ob die Person, die gestorben ist, an Gott geglaubt hat. So oder so werden bei der Trauerfeier meist eine oder mehrere (kurze) Reden gehalten. Jemand erzählt darin die wichtigsten Erlebnisse der oder des Toten. Gute Reden können einen zum Weinen, aber auch zum Lachen bringen. Beides ist in Ordnung.

Oft werden noch einige Lieder gespielt oder gesungen. Meist Lieder, die zu dem oder der Toten passen oder ihm bzw. ihr gefallen haben. Es ist sinnvoll, trauernden Kindern und Jugendlichen die Möglichkeit zu geben, die Trauerfeier mitzugestalten und zum Beispiel ein Lied auszuwählen, das an den verstorbenen Menschen erinnert.

Danach gehen alle zum Grab. Friedhofsangestellte oder Angehörige tragen den Sarg oder die Urne dorthin. Manchmal wird am Grab noch eine Rede gehalten oder ein Lied gespielt oder gesungen. Dann stehen alle für einen Moment still da und »gedenken« des oder der Toten. Das heißt, man denkt noch einmal daran zurück, wie er oder sie im Leben war.

Schließlich wird der Sarg oder die Urne in das Grab hinuntergelassen. Manche Menschen werden anonym bestattet, also ohne eigenen Grabstein. Dann fällt dieser Teil aus, und man weiß nur ungefähr, wo sie begraben sind, aber nicht genau.

Am Schluss treten die Gäste einer nach dem anderen vor und werfen etwas Erde ins Grab. Das kann eine Handvoll sein oder eine Schaufel voll. Auch wenn man sehr wütend oder traurig ist, sollte man die Erde nicht mit voller Wucht auf den Sarg klatschen, sondern vorsichtig in die Tiefe rieseln lassen. Man kann aber auch einzelne Blumen ins Grab werfen oder Blütenblätter.

## BEILEIDSBEKUNDUNGEN

Meist stehen die direkten Verwandten des verstorbenen Menschen neben dem Grab, und ihnen wird »kondoliert«. Das heißt, die übrigen Gäste geben ihnen die Hand und sagen so etwas wie »Es ist wirklich sehr traurig« oder »Es tut mir sehr leid«. Das Wort »kondolieren« kommt vom lateinischen Verb »condolere«, das man mit »Schmerz empfinden« und »Mitleid haben« übersetzen kann.

Die Leute meinen es gut. Aber es kann sich sehr eigenartig und steif und unpersönlich anfühlen, wenn alle einem die Hand schütteln oder einen tröstend umarmen wollen. Es ist deshalb gut, wenn man für ein Kind oder auch einen Jugendlichen einen Plan B hat – falls ihm alles einfach zu viel wird oder zu steif und »verlogen« vorkommt. Man kann sich dann zum Beispiel mit einem Verwandten oder Freund der Eltern etwas abseits stellen.

## DER LEICHENSCHMAUS

Nach der Beerdigung gehen die meisten der Gäste noch zusammen etwas essen. Das nennt man »Leichenschmaus«. Es klingt etwas unappetitlich, aber keine Angst, es gibt keine Leiche zu essen. Dieser Restaurantbesuch kommt vielen jungen Menschen total blöd vor. Ein solches Zusammensein von Leuten, denen der verstorbene Mensch etwas bedeutete, ist aber auch eine Gelegenheit, Dinge über ihn zu erfahren, die man nicht wusste. Und es kann guttun, zu wissen, dass auch andere Menschen ihn vermissen werden.

Trotzdem finde ich, auch hier sollte man eine Ausweichmöglichkeit haben, falls einem alles zu viel wird. Denn das ist in Ordnung, und keiner sollte darüber böse sein. Man könnte sich zum Beispiel von einem Verwandten oder einem Freund der Eltern nach Hause fahren lassen. Es ist gut, wenn die Familienmitglieder vorher besprechen, ob es alle in Ordnung finden, wenn jemand gehen möchte oder eine Pause braucht.

## TRAUERFEIER IN DER PUBERTÄT

Von Jugendlichen und jungen Erwachsenen wird eher erwartet, dass sie »durchhalten«. Und sie tun das auch oft. Denn die Pubertät und frühe Jugend ist eine Zeit, in der sowieso vieles nur mit Disziplin gelingt.

Andere aber verweigern sich bewusst.

Ein solches Austesten der Grenzen gehört zum Erwachsenwerden. Die Jugendlichen haben die schwierige Aufgabe, einerseits sich und ihren Gefühlen gerecht werden zu sollen. Andererseits ist es erwünscht, Rücksicht auf Familie, Verwandte und Freunde zu nehmen.

Vielen Jugendlichen erscheinen Rituale wie Hochzeiten, Jubiläumsfeiern und eben auch Beerdigungen oft peinlich, unnötig oder sogar verlogen. Es ist gut, wenn sie versuchen, der Sache eine Chance zu geben, doch sie sollten sich nicht zwingen, etwas zu tun oder an etwas teilzunehmen, was ihnen unerträglich erscheint.

# Wie übersteht man das erste Weihnachten, Silvester, den ersten Geburtstag ohne den verstorbenen Menschen?

Eine Familie kann man sich vorstellen wie ein Mobile. Wird ein Teil einfach herausgeschnitten, ist das Mobile erst einmal im Ungleichgewicht oder schaukelt vielleicht sogar wild. Es dauert eine ganze Weile, bis es zur Ruhe kommt und ein neues Gleichgewicht gefunden werden kann.

Das Schöne an Menschen ist, dass sie sich – anders als die Teile eines Mobiles – verändern können. Sie können neue oder andere Aufgaben übernehmen und sich sozusagen »neu austarieren«. Das Familien-Mobile wird zwar nie wieder so sein wie vorher, aber es wird auch nicht für immer schief hängen.

An Feiertagen wird die Veränderung ganz besonders deutlich. Weil es ein Tag ist, der mit dem verstorbenen Menschen zu tun hat – zum Beispiel sein Geburtstag –, oder weil dieser Tag bisher immer mit dieser Person gefeiert wurde. Es kann also gut sein, dass die Trauer an solchen Tagen besonders groß wird. Das ist normal, und wahrscheinlich geht es allen in der Familie so.

Es ist besser, davon zu erzählen, als darüber zu schweigen.

Dadurch bekommen alle die Möglichkeit, einander zu sagen, wie es ihnen geht. Sich gegenseitig Geschichten zu erzählen und an denjenigen zu denken, der gestorben ist, kann auch sehr helfen. Oder gemeinsam Erinnerungsstücke anzusehen.

Niemand muss an solchen Tagen traurig sein, aber es tut gut, traurig sein zu dürfen. Und oft tut es gut, diese Trauer mit anderen zu teilen.

Viele Trauernde berichten, dass das erste Jahr das schwerste war. Danach wussten sie: All diese Tage habe ich einmal überstanden, dann kriege ich es bestimmt auch ein zweites Mal hin.

# Weltblick: Trauerrituale anderswo – wie wird in anderen Gegenden der Welt getrauert und mit den Toten umgegangen?

Rituale helfen dabei, sich im Leben zurechtzufinden. Weihnachten, Geburtstage und Silvester werden gerne immer wieder gleich gefeiert. Oder es gibt an bestimmten Tagen oder zu bestimmten Festen ein bestimmtes Essen. Solche Rituale vermitteln ein Gefühl der Zugehörigkeit.

Das gilt auch für das Abschiednehmen. Trauer selbst drücken fast alle Menschen gleich aus – wir erkennen über sämtliche kulturellen Grenzen hinweg an ihren Gesichtern, dass sie traurig sind und leiden. Bestattungen und Trauerfeiern aber sind sehr unterschiedlich.

## CHRISTENTUM

Im Christentum sind Erdbestattungen üblich. Der oder die Tote wird liebevoll angekleidet und auf weichen Stoff in einen Sarg aus Holz gelegt. Der wird in ein Grab gesenkt und mit Erde bedeckt. Auf das Grab kommt ein Grabstein mit dem Namen und dem Geburts- und Todesdatum. Man weiß dann genau: Hier liegt der Körper dieser Person. Viele Menschen gestalten und pflegen die Gräber ihrer Angehörigen sehr. Das hilft ihnen dabei, sich ihnen nah zu fühlen und sie nicht zu vergessen.

Feuerbestattungen, bei denen die Leiche verbrannt und in eine Urne gefüllt wird, werden hierzulande immer häufiger. Die Urne wird dann trotzdem in ein Grab mit Grabstein gesetzt.

Möglich ist auch eine anonyme Bestattung, also ohne Grabstein. Das ist aber unüblich.

### ISLAM

Bei islamischen Bestattungen wird die Leiche nicht in einen Sarg gelegt, sondern in ein Leichentuch gewickelt. (In Deutschland gilt jedoch fast überall eine »Sargpflicht«, deshalb werden Muslime häufig in die Heimatländer überführt und dort bestattet.) Heute können zumindest in Großstädten auch muslimische Bestattungen durchgeführt werden.

Vor der Beisetzung wird der oder die Tote – meist von Familienmitgliedern – gewaschen und in ein weißes Laken gehüllt. Die Leiche wird auf die rechte Körperseite gelegt, das Gesicht Richtung Mekka. Traditionell trauern Männer und Frauen getrennt: die Frauen im Haus, die Männer in der Öffentlichkeit. Nach vierzig Tagen trifft man sich erneut zum Trauern, nach hundertzwanzig Tagen ist die Trauer offiziell beendet.

### JUDENTUM

Wie auch im Islam soll der Leichnam möglichst innerhalb von vierundzwanzig Stunden bestattet werden, entweder in einem Leichentuch oder in einem schlichten Holzsarg. Nach der Beerdigung findet »Schiwa« statt: Die Angehörigen empfangen sieben Tage lang (»schiwa« heißt »sieben«) Besucher zu Hause. Verwandte, Bekannte, Nachbarn und Freunde kommen vorbei, bringen Essen, spenden Trost. Die Familie ist also eine ganze

Woche lang mit der Trauer nicht allein. Allerdings darf der Besuch kein Gespräch beginnen, sondern die Trauernden selbst bestimmen, wann sie reden wollen.

### BUDDHISMUS

Der Buddhismus ist vor allem in Asien verbreitet. Buddhisten glauben an einen ewigen Kreislauf von Geburt und Wiedergeburt. Stirbt ein Mensch, verlässt die Seele seinen Körper und sucht sich einen neuen. (Der Dalai Lama, auch ein Buddhist, hat dieser Auffassung nach immer dieselbe Seele.) In Tibet gibt es die Himmelsbestattung. Tote werden traditionell von Bestattern in Stücke geschnitten und dann Aasgeiern zum Fraß gegeben. Beerdigungen im Boden sind dort schlecht möglich, entweder weil der Boden zu felsig oder einfach weil er gefroren ist.

Durch eine rituelle Lesung aus dem »Tibetischen Buch der Toten« wird es der Seele erleichtert, den Körper zu verlassen.

### HINDUISMUS

Der Hinduismus ist vor allem in Indien verbreitet. Er fasst viele kleine, unterschiedliche Religionen zusammen, deren Anhänger auf verschiedene Art trauern. Ihnen gemeinsam ist der Glaube an Geburt und Wiedergeburt. Im Hinduismus werden Leichen mit den Füßen voran aus der Hintertür des Hauses getragen und meist verbrannt, oft öffentlich und unter freiem Himmel. Der erstgeborene Sohn entzündet das Feuer. Die Asche wird anschließend in einen Fluss oder das Meer gestreut, also in den Kreislauf der Natur zurückgegeben. Stirbt ein Hindu in Deutschland, lassen die Angehörigen die Asche oft in die Heimat überführen und dort in den heiligen Fluss Ganges streuen. (Jedes Jahr landet die Asche von etwa hunderttausend Menschen im Ganges.) Oder sie wählen eine Seebestattung in der Nord- oder Ostsee. Dabei wird eine wasserlösliche Urne mit der Asche im Meer versenkt.

## GHANA

In dem westafrikanischen Staat geben die Hinterbliebenen ein ganzes Jahresgehalt allein für den Sarg aus. Er repräsentiert einen wichtigen Aspekt aus dem Leben des verstorbenen Menschen. Dieser wird dort zum Beispiel in einem Sarg in Gestalt von riesigen Fischen, Flugzeugen, Flaschen oder Früchten beerdigt.

## MADAGASKAR

Jahre nach der eigentlichen Beerdigung werden die Leichen aus den Gräbern gehoben, und die Dorfgemeinschaft tanzt mit den Toten (bzw. um die Toten herum), um die Verbindung zu den Vorfahren zu stärken und ihnen Respekt zu erweisen. Die Leichentücher werden durch Seidentücher ersetzt. Für die Familien ist die »Famadihana«-Umbettung ein Freudentag, der mit Livemusik und festlichem Essen gefeiert wird.

## JAMAIKA

Nach dem Tod findet eine neuntägige Totenwache nach afrikanischem Brauch statt. Denn neun Tage sind nötig, damit der Geist den Körper verlassen kann. In der neunten Nacht wird von der Familie ein großes Fest gefeiert mit Tanz und Gesang. Erst nach Mitternacht darf gegessen und (reichlich) getrunken werden.

## MEXIKO

Am *Día de los Muertos* (dem Tag der Toten am 1. November) kehren die Toten angeblich auf die Erde zurück, um gemeinsam mit ihren Familien zu feiern. Es ist ein fröhliches Fest mit Musik, Gesang, Essen und Trinken. Die Lebenden verkleiden sich als Skelette, und überall werden kleine Altäre zu Ehren der Verstorbenen aufgebaut. Es gibt Gebäck und Süßigkeiten in Schädelform. In der Nacht treffen sich die Angehörigen und

Freunde am Grab der Toten. Sie bringen Geschenke mit, essen das Lieblingsessen des verstorbenen Familienmitglieds und fühlen sich diesem ganz nah. Auf diese Weise gibt der *Día de los Muertos* die Gewissheit, nicht vergessen zu werden, und nimmt so ein wenig Angst vor dem Tod, macht ihn zu einem Teil des Lebens.

### TORAJA

Die Toraja auf der indonesischen Insel Sulawesi bewahren einbalsamierte Leichen von Angehörigen im Haus auf, während sie oft jahrelang für deren Beerdigung sparen. Diese findet dann als mehrtägiges, fröhliches Fest statt, bei dem zahlreiche Wasserbüffel (stehen für Macht und Reichtum) geopfert werden.

### FUSSBALLBESTATTUNG IN GROSSBRITANNIEN

Anders als in Deutschland können treue Fans in Großbritannien (natürlich gegen eine nicht unerhebliche Gebühr) ihre Asche auf dem Rasen des Lieblingsvereins ausstreuen lassen.

## Welchen Sinn hat Trauer evolutionsbiologisch?

Menschen trauern in unterschiedlichen Kulturen ganz ähnlich. Daraus schließt man, dass Trauer und ihr Ausdruck angeboren sind. Evolutionsbiologisch geht Trauer vermutlich auf die Reaktion von Jungtieren zurück, die ihre Mutter verloren haben. Sie zeigen abwechselnd Resignation und Bewegungsdrang, wirken apathisch, ziehen sich zurück. Sofern sie überleben (weil sie bereits alt genug sind oder das Rudel sich um sie kümmert), müssen sie sich an eine Welt ohne die Mutter anpassen und in dieser orientieren.

Zum Traurigsein gehören viele ganz unterschiedliche Dinge. Vielleicht ist man manchmal wütend, dann wieder hat man Fragen, denkt kurze Zeit gar nicht daran, dass jemand gestorben ist, und plötzlich weint man und weiß gar nicht so richtig, warum. All das hilft uns, zu verstehen, dass jetzt alles anders ist. Ein Mensch, den wir sehr geliebt haben, ist gestorben. Wir werden ihm nie wieder begegnen können. Das Leben hat sich total verändert, und man braucht Zeit, sich daran zu gewöhnen. Es ist auch anstrengend. Damit man das gut hinbekommt, macht der Körper mit der Trauer sozusagen eine Pause vom Normalsein.

# Trauern Tiere auch (oder deuten wir ihr Verhalten nur so)?

## ANTWORTVORSCHLAG FÜR KINDERGARTENKINDER

»Man geht davon aus, dass einige Tiere – zum Beispiel Hunde, Katzen, Elefanten oder manche Affen – auch trauern können.«

## ANTWORTVORSCHLAG FÜR GRUNDSCHULKINDER

»Hunde liegen manchmal wochenlang träge auf dem Sofa, wenn jemand krank oder gestorben ist. Katzen ziehen sich noch mehr zurück als sonst. Auch Elefanten scheinen Trauer zu zeigen, wenn ein Mitglied ihrer Herde stirbt.«

## ANTWORTVORSCHLAG FÜR TEENAGER, JUGENDLICHE UND JUNGE ERWACHSENE

»Wir können natürlich nicht wirklich wissen, was Tiere empfinden. Man geht aber davon aus, dass höher entwickelte Tierarten – zum Beispiel Hunde, Katzen, Elefanten oder auch Menschenaffen – Trauer oder zumindest Kummer empfinden, wenn ein Mitglied ihrer Herde oder ihres Rudels stirbt. Vermutlich können selbst diese Tiere nicht *unseren* Kummer teilen, sondern sie reagieren nur darauf, wie wir uns verhalten. Aber das macht auch nichts, es kann sehr tröstlich sein, ein Haustier zu kraulen oder mit ihm zu sprechen, wenn man sich schlecht fühlt.«

# Testament, Erbe, Pflichtteil, Vormundschaft, Erinnerungsstücke, Ausmisten

## TESTAMENT UND ERBE

Manche Menschen schreiben vor dem Tod ein Testament. Andere nicht. Im Testament steht, wer was erben soll. Das Testament wird vom Nachlassgericht überprüft.

Enge Verwandte, wie Kinder oder Ehepartner, haben mit wenigen Ausnahmen Anspruch auf einen Pflichtteil. Geht es um viel Geld, kann das Erbe bzw. das Testament für großen und lang andauernden Streit sorgen.

Gibt es kein Testament, dann regelt das Gesetz, wer wie viel erbt. Aber nur die Summe (also den Wert), und nicht, welche Gegenstände. Darüber kann es ebenfalls manchmal Streit geben.

Auch Kinder oder Jugendliche können etwas erben. Gegenstände erhält man meist sofort. Größere Summen oder einen Anteil zum Beispiel an einem Haus oder einer Firma erst mit achtzehn.

## VORMUNDSCHAFT

Sterben beide Eltern eines oder einer Minderjährigen, bestimmt das Familiengericht, oft in Absprache mit dem Jugendamt, einen Vormund. Der Vormund übernimmt nun die rechtliche Verantwortung für das Kind oder den Jugendlichen und soll immer in dessen Sinne entscheiden. Das kann ein Verwandter sein, muss aber nicht. Verwandte oder auch Freunde der Familie können darum bitten, als Vormund in Erwägung gezogen zu werden.

## ERINNERUNGSSTÜCKE, AUSMISTEN

Irgendwann kommt der Zeitpunkt, Erinnerungsstücke an den verstorbenen Menschen auszuwählen und sich von seinen Sachen zu trennen. Wann ist der richtige Zeitpunkt dafür? Das weiß niemand. Manchen Menschen tut es gut, die Sachen durchzusehen und abzugeben, anderen fällt es sehr schwer. Holen Sie sich Unterstützung, wenn Sie sie brauchen, und überfordern Sie sich nicht. Ja, das ist leichter gesagt als getan.

Früher dachte man, es wäre gut und eine Erleichterung, den Besitz des Verstorbenen möglichst schnell und vollständig aus dem Haus zu schaffen. Heute weiß man, wie wichtig es ist, persönliche Dinge zu behalten, mit deren Hilfe man die Erinnerung an den verstorbenen Menschen erhalten kann.

# Wie kann man dem oder der Toten verbunden bleiben?

Heute weiß man, dass Trauer besser gelingt, wenn wir den Verlust eines geliebten Menschen in unser Leben integrieren, statt so zu tun, als hätte es ihn nie gegeben. Dabei können Rituale und (gemeinsame) Erinnerungen helfen. Wichtig: Man darf so lange und so sehr traurig sein, wie man will. Aber man muss nicht. Wenn die Gefühle zu stark werden, kann man auch etwas ganz anderes machen und sich ablenken. Das ist in Ordnung.

Die folgenden Aktivitäten haben sich in der Praxis bewährt und werden auch von vielen Trauergruppen angeboten.

## ERINNERUNGSKISTE

Eine Erinnerungskiste kann zum Beispiel ein Schuhkarton sein. In diese Erinnerungskiste kommen Fotos, Briefe und andere Erinnerungsstücke. Die kann man sich immer anschauen, wenn man Sehnsucht hat. Die Kiste kann man für sich oder auch gemeinsam schön bemalen und verzieren.

## ERZÄHLUNGEN

Auch wenn Erwachsenen manchmal nicht danach ist: Es hilft Kindern und Jugendlichen, wenn jemand ihnen von der Person erzählt, die gestorben ist, falls sie darum bitten.

## ERINNERUNGSBUCH

Eine große Angst vieler Kinder und Jugendlicher ist, die Erinnerungen »zu vergessen«. Deshalb kann es hilfreich sein, Erinnerungen (gemeinsam) in einem Erinnerungsbuch festzuhalten – egal ob als Text, in Bildern, mit Fotos oder ohne. Man kann das Buch auch schön gestalten oder einschlagen.

## VIDEOS ANSCHAUEN

Wenn man Sehnsucht hat, kann man sich vielleicht auch (gemeinsam) Filmaufnahmen anschauen. Anderen zu erzählen, wie man sich fühlt, hilft oft, das besser auszuhalten.

## ERINNERUNGSECKE

Wer möchte, kann ein Foto im Zimmer aufhängen und vielleicht auch eine Kerze davorstellen. Den Bilderrahmen kann man vorher oder auch später liebevoll bemalen oder bekleben.

## FRIEDHOFSKERZE GESTALTEN

Gibt es ein Grab, dann lassen sich Friedhofskerzen gestalten, also zum Beispiel bekleben, bemalen oder mit Wachs verzieren. Wenn man das Grab besucht, kann man mit der Kerze etwas von sich bei dem verstorbenen Menschen lassen.

## SCHLAFSHIRT

Wer mag, kann zum Schlafen ein Kleidungsstück der gestorbenen Person tragen. (Aber wenn man das nicht möchte, ist das auch okay!)

## STOFFTIER BASTELN

Mit etwas Geschick (oder Hilfe) kann man aus einem Kleidungsstück der verstorbenen Person, zum Beispiel einem T-Shirt oder einem Sweatshirt, ein Stofftier basteln. Das sitzt dann auf oder neben dem Bett und ist einem ganz nah!

## BRIEFE SCHREIBEN UND GESPRÄCHE FÜHREN

Immer wieder mal wird der Wunsch auftauchen, der verstorbenen Person etwas zu erzählen oder sie um Rat zu fragen. Das ist ganz normal – genau in diesen Momenten lernen wir, die Veränderung zu »integrieren«, also mit der neuen Situation umzugehen, so wie sie ist. Was hilft, auch wenn man sich am Anfang vielleicht etwas komisch vorkommt: einen Brief zu schreiben oder auch – zu Hause oder am Grab – ein Gespräch zu führen, also die eigenen Gedanken festzuhalten oder auszusprechen.

## WUT RAUSSCHREIEN

Es kann sehr befreiend sein, die eigene Wut richtig laut rauszuschreien, zum Beispiel im Wald. Egal, ob man allein dorthingeht oder zum Beispiel mit Freunden oder Familienmitgliedern.

## TRAUERPAUSE

Manchmal braucht man eine Pause vom Traurigsein und möchte ins Kino oder auf eine Party gehen. Völlig okay! Niemand kann und darf vorschreiben, was für einen anderen richtig ist.

## GESPRÄCHE MIT ANDEREN FÜHREN

Manche junge Menschen nimmt ein Todesfall ganz besonders mit, und sie wissen gar nicht mehr, wie sie den Schmerz aushalten sollen und wie das Leben weitergehen kann. Dann möchten sie vielleicht am liebsten allein oder sogar auch tot sein. In solchen Situationen kann es helfen, mit jemand zu reden, dem es ähnlich geht, also zum Beispiel mit Verwandten, die den verstorbenen Menschen auch kannten, oder mit anderen Leuten in einer Trauergruppe.

## SORGENBAUM

Für Kinder und Jugendliche entstehen durch einen Todesfall vielleicht neue Sorgen, zum Beispiel woher nun das Geld kommt, ob die Familie umziehen muss oder ob das Traurigsein nie wieder aufhört. Den Umgang damit kann die (angeleitete) Imaginationsreise zum Sorgenbaum erleichtern.

An einem ruhigen Platz, an dem man sich wohlfühlt und nicht gestört wird, lässt sich in Gedanken folgende Reise unternehmen:

»Hole einmal tief Atem, lass ihn langsam ausströmen, und schließe die Augen, wenn es dir angenehm ist. Stell dir vor, du bist draußen in der Natur. Vor dir liegt ein Weg. Du kannst dir aussuchen, wie dieser Weg aussieht, breit oder schmal, gewunden oder gerade. Ganz wie du magst. Vielleicht führt der Weg an einem Fluss entlang oder durch eine Blumenwiese hindurch. Oder durch einen kleinen Wald.

Nun gehst du diesen Weg entlang, bis du zu einem kleinen Garten kommst. Er ist ein bisschen verwildert, aber sehr schön. Vielleicht wird er von einem Zaun oder einer Hecke begrenzt. Oder von einer alten Steinmauer.

Du öffnest die Gartenpforte und trittst ein. Du fühlst dich wohl dort. Der Garten ist genau so, wie du ihn dir wünschst, er ist sehr schön und nur für dich da. Alle Farben sind hell und leuchtend. Die Sonne scheint warm. Das Gras ist grün, die Blumen leuchten in allen Farben, der Himmel ist strahlend blau. Vögel sitzen in den Bäumen und zwitschern. Du kannst dich ganz sicher und geborgen fühlen.

Mitten in dem Garten steht ein großer Baum mit vielen Zweigen. Das ist der Sorgenbaum. Er heißt so, weil du an seine Zweige all deine Sorgen hängen kannst. Bleib nun einen Moment hier stehen und lade deine Sorgen ab.

Wenn du eine große Sorge hast, kannst du sie an einen dicken Ast hängen. Hast du eine kleine Sorge, wählst du einen dünneren Ast.

Danach kannst du einmal tief ein- und ausatmen und dich recken und strecken und vielleicht sogar lächeln. Du merkst, wie viel leichter du dich fühlst.

Nun schaust du dich noch ein wenig in deinem Garten um. Du kannst dich auch irgendwo hinsetzen oder hinlegen und es einfach genießen, hier zu sein. (Etwa eine Minute Pause.)

Dann wird es Zeit, dass du den Garten wieder verlässt. Aber du kannst jederzeit wieder hierherkommen und etwas an den Sorgenbaum hängen oder einfach nur den Garten genießen. Er ist immer für dich da, wenn du ihn brauchst.

Du verlässt nun den Garten und schließt die Pforte hinter dir. Du gehst den Weg zurück, den du gekommen bist. Langsam kehrst du zurück in diesen Raum. Recke und strecke dich noch einmal, atme tief ein und aus, lächle ein wenig, wenn dir danach ist, und öffne langsam und vorsichtig die Augen, wenn du sie geschlossen hattest.

Nimm die Ruhe und den Frieden, die du empfunden hast, mit in deinen Tag.«

# Wie viele Menschen sterben in Deutschland pro Jahr und woran?

**TODESURSACHEN NACH KRANKHEITSARTEN 2017**

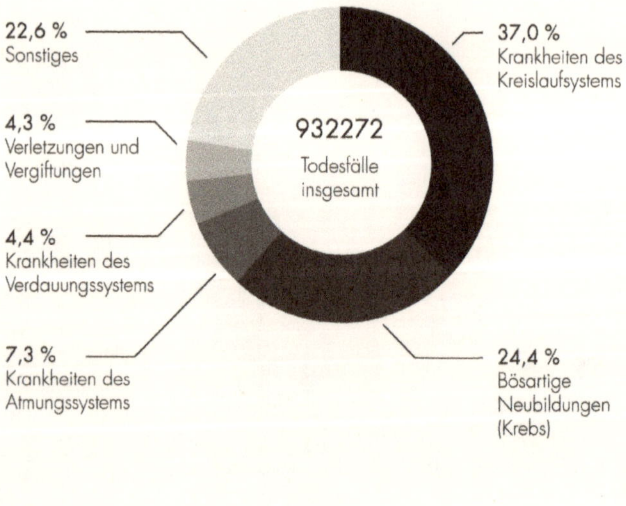

## HÄUFIGSTE TODESURSACHEN 2017

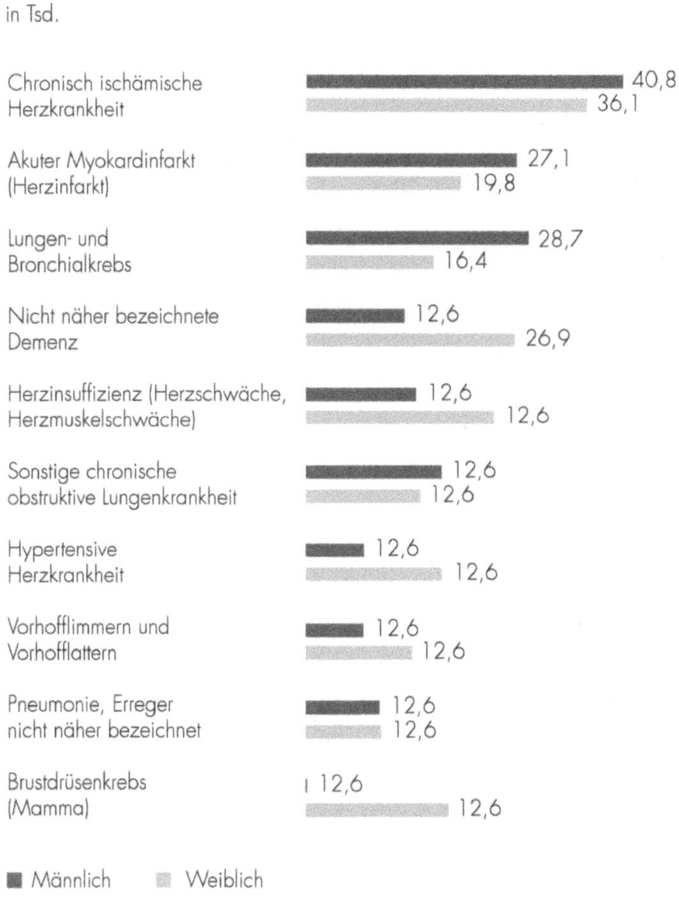


## SUIZIDRATE SINKT

Suizid – Selbsttötung – ist für Hinterbliebene oft besonders traumatisch. Deshalb habe ich mich sehr gefreut, als ich recherchierte, dass die Zahl der Suizide in den vergangenen Jahren ganz deutlich zurückgegangen ist. 1980 nahmen sich noch etwa fünfzig Personen pro Tag das Leben, 2017 waren es nur noch fünfundzwanzig. Also die Hälfte! Aber leider immer noch insgesamt 9235 Personen.

Männer nehmen sich häufiger das Leben als Frauen, etwa drei Viertel der Selbsttötungen entfallen auf sie. Im Durchschnitt sind Männer zum Zeitpunkt des Suizides 57,6 Jahre alt, Frauen 58,6.

Die am häufigsten gewählte Suizidmethode ist die Selbsttötung durch »Erhängen, Strangulieren oder Ersticken« (knapp die Hälfte der Männer und ein Drittel der Frauen).

## TODESRATE DURCH UNFÄLLE BEI KINDERN UND ELTERN GERING

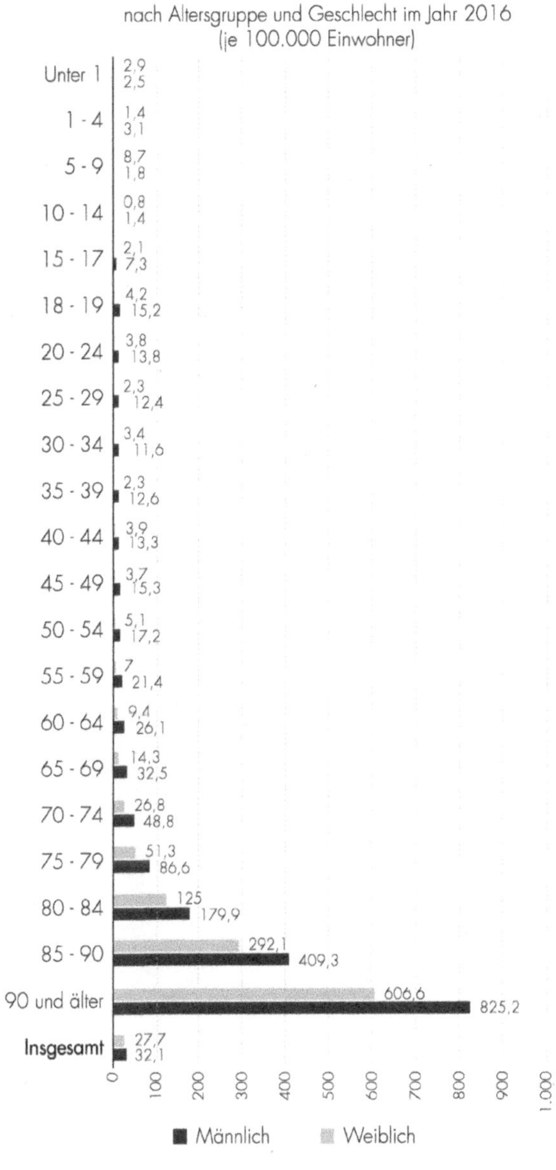

## STERBEFÄLLE NACH BUNDESLÄNDERN 2018

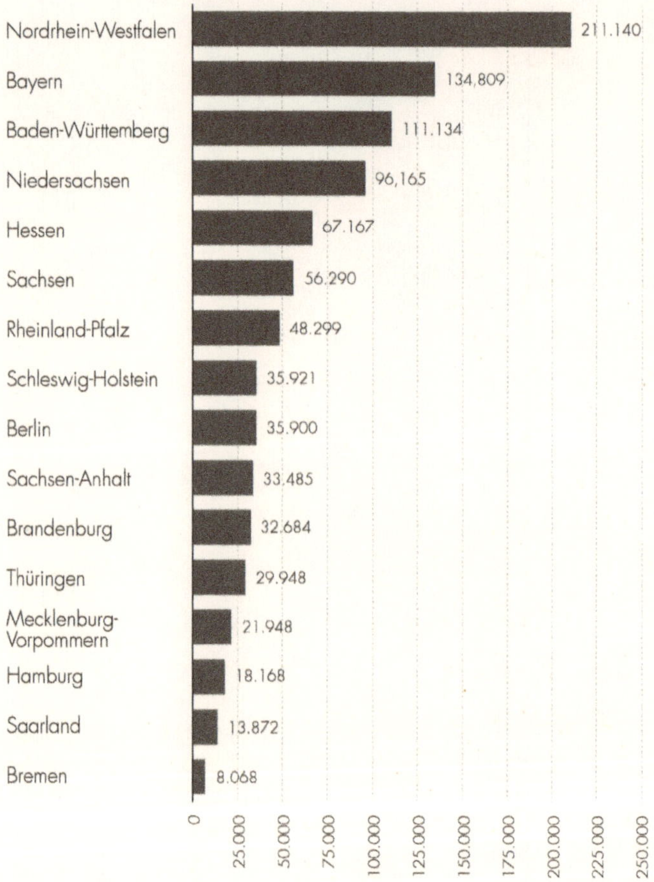

## STERBERATEN DER HAUPTTODESURSACHEN IN DEUTSCHLAND IM ZEITRAUM DER JAHRE 1998 BIS 2017

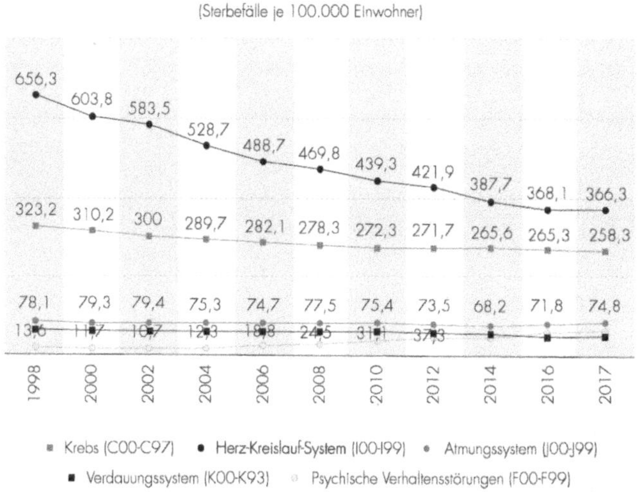

## STERBEFÄLLE NACH ALTERSGRUPPEN 2017

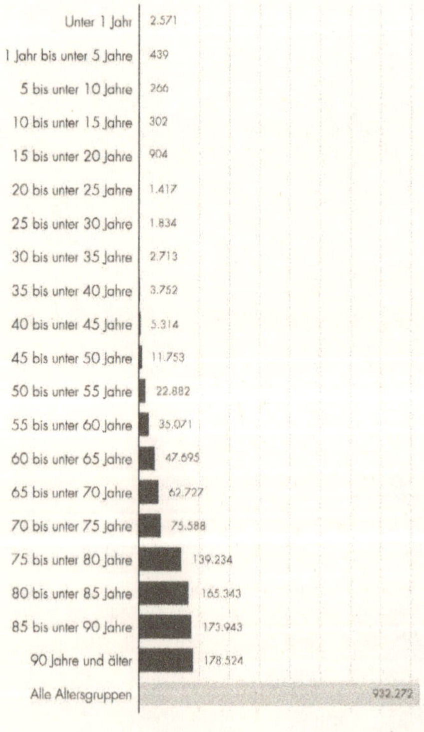

# Wann kommt die Polizei, und was passiert in der Rechtsmedizin?

Viele Menschen sterben im Krankenhaus. Entweder weil sie zum Beispiel schon länger an Krebs erkrankt und deshalb in einer Klinik in Behandlung waren oder weil sie nach einem Unfall mit Notarzt und Rettungswagen in ein Krankenhaus gebracht worden sind.

Es gibt so viele unterschiedliche Todesursachen, dass man allein mit der Auflistung ganze Bücher füllen könnte. Den Tod kann immer nur ein Arzt feststellen, das ist gesetzlich vorgeschrieben. Wenn kein Arzt in der Nähe ist, weil der Mensch vielleicht zu Hause gestorben ist, dann muss als Erstes einer gerufen werden. Erst nachdem der Tod ärztlich bestätigt und ein Todesermittlungsbericht geschrieben wurde, darf eine Leiche bewegt werden.

Der Arzt muss sich bei der Untersuchung eines toten Menschen entscheiden, ob die Todesursache natürlich war, wie bei einem Herzinfarkt, einem Schlaganfall, Krebs oder Infektionen. Beim natürlichen Tod kann der verstorbene Mensch zum Bestattungsinstitut gebracht werden, wo dann das Abschiednehmen und die Beerdigung organisiert werden. War die Todesursache nicht natürlich, wie zum Beispiel bei einem Sturz, einem Suizid, einem Unfall oder bei einem Verbrechen, oder lässt sich nicht mit Sicherheit sagen, woran ein Mensch gestorben ist – das nennt man eine ungeklärte Todesursache –, dann muss die Polizei gerufen werden. Sie kümmert sich darum, dass die Todesursache aufgeklärt wird. Rein technisch gesehen ist der Leichnam ab diesem Zeitpunkt beschlagnahmt und wird in ein rechtsmedizinisches Institut gebracht, damit dort eine polizeiliche Leichenschau durchgeführt werden kann.

In Köln zum Beispiel ist das rechtsmedizinische Institut ein Haus, das wie ein normales Bürogebäude aussieht – mit einer unauffälligen, aber breiten Zufahrt zum Kellergeschoss. Dorthin fahren die Bestattungswagen mit den Leichen, deren Todesumstände näher untersucht werden müssen. Normalerweise lesen sich die Rechtsmediziner zuerst den Todesermittlungsbericht durch und schauen sich die Leiche an. Wenn sich klären lässt, dass zum Beispiel eventuelle Kopfverletzungen von einem Sturz in der Sterbephase stammen und es auch sonst keine weiteren Zeichen von Gewalteinwirkung gibt, dann wird die Leiche in der Regel wieder freigegeben und kann vom Bestattungsunternehmen abgeholt werden. Gibt es aber Unklarheiten, wird von der Staatsanwaltschaft beim Amtsgericht eine Obduktion beantragt. Bei einer Obduktion werden standardmäßig die drei Körperhöhlen Kopf, Brust und Bauch aufgeschnitten und untersucht. Bei Verkehrsopfern können zum Beispiel auch die Beine dazukommen, um sicher feststellen zu können, von welcher Seite der Mensch angefahren wurde. Zusätzlich werden bei einer Obduktion auch Gewebeproben entnommen, die bei Bedarf später auf Gifte oder Infektionen hin untersucht werden können. Diese Proben werden mindestens drei Jahre lang aufbewahrt. Wenn sie nach dieser Zeit nicht mehr benötigt werden, dann werden die Proben nicht einfach weggeworfen, sondern verbrannt und beigesetzt.

Nach der Obduktion kommen die Organe zurück in den Körper, der Leichnam wird zugenäht und kann – wenn keine weiteren Untersuchungen nötig sind – vom Bestattungsunternehmen abgeholt und beerdigt werden.

## Biologischer Abbau: Der Tod stellt zugleich die Lebensgrundlage für andere Lebewesen dar

> ACHTUNG: Ich finde den ewigen Kreislauf des Lebens toll – auch wenn er manchmal etwas unappetitlich aussieht. Deshalb muss niemand die folgenden Infos lesen. Wenn Ihnen also das Nachdenken über die Verwesung unangenehm ist, blättern Sie einfach weiter. Es wird Ihnen nicht besser gehen, wenn Sie sich in der Trauerzeit auch noch zwingen, Dinge zu tun, die Ihnen widerstreben. Stellen Ihr Kind oder Ihre Kinder entsprechende Fragen, lassen Sie gern einfach jemand anders lesen und antworten.

Kurze Zeit nach dem Tod setzt die Verwesung ein. Das ist ein natürlicher Prozess, der auch bei Pflanzen und Tieren geschieht. Nach dem Tod werden die Zellen des Körpers nicht mehr mit Blut versorgt. Die Muskeln verhärten sich. Nach kurzer Zeit setzt die Leichenstarre ein. Sie dauert etwa vierundzwanzig bis achtundvierzig Stunden, also ein bis zwei Tage.

Danach beginnt im Inneren des Körpers die Autolyse. Dabei werden durch körpereigene Mikroorganismen und durch von außen kommende Bakterien und Pilze die Zellen zersetzt. Dieser Vorgang kann durch Kühlung verlangsamt werden. Deshalb darf man Tote nur höchstens ein bis zwei Tage zu Hause behalten, danach müssen sie bis zur Beerdigung in ein Kühlhaus.

Die Beerdigung muss, je nach Bundesland, innerhalb von vier bis zehn Tagen stattfinden. So ist es möglich, dass man den Toten oder die Tote auf Wunsch noch einmal sehen oder anfassen kann.

Im Grab zerfällt der Körper langsam in seine Einzelteile. Auch das Holz des Sarges wird von Mikroorganismen zersetzt. Am Ende bleibt nur noch Erde. Sie vermischt sich mit der Erde drum herum. Alle Nährstoffe werden von der Natur weiterverwendet. Zum Beispiel nehmen die Blumen und Bäume auf einem Friedhof sie über ihre Wurzeln auf. Sie produzieren Blüten und Früchte, die wiederum von Tieren als Nahrung genutzt werden.

## PHASEN DER ZERSETZUNG

Die Zersetzung des Körpers erfolgt in mehreren Schritten:

- Austrocknung (beginnt bei alten oder schwer kranken Menschen oft schon kurz vor dem Tod)
- Autolyse (Selbstauflösung abgestorbener Körperzellen durch Enzyme, die im Gewebe schon vorhanden sind, ohne die Beteiligung von Bakterien oder anderen Lebewesen)
- Fäulnis (Zersetzung ohne Sauerstoffzufuhr)
- Endgültige Verwesung (Zersetzung mit Sauerstoffzufuhr)

Das Austrocknen des Körpers geschieht relativ schnell. Es beginnt am Kopf sowie an den Händen und Füßen. Die vertrocknete Haut zieht sich zusammen, weshalb es manchmal den Anschein haben kann, als würden nach dem Tod Nägel und Haare länger werden. Bei offenen Augen wird innerhalb von ein bis zwei Stunden die Hornhaut trüb, bei geschlossenen Augen in vierundzwanzig Stunden. Die Bindehaut verfärbt sich zuerst gelblich, dann bräunlich, schließlich schwarz. Die Fingerkuppen verfärben sich rötlich-braun.

Je nach Wetter (Luftfeuchtigkeit und vor allem Wärme) verflüssigt die Autolyse mithilfe im Körper bereits vorhandener Enzyme die inneren Organe und das Bindegewebe innerhalb einiger Tage. Dabei entsteht ein süßlich-klebrig erscheinender Verwesungsgeruch, in dem auch ein Hauch von Kotgeruch mitschwebt. Es riecht so, wie wenn eine Katze im Sommer eine Maus fängt, aber nicht frisst, sondern im Garten liegen lässt.

Fäulnis beginnt ein bis zwei Tage nach dem Tod ebenfalls im Inneren der Leiche: im Darm. Denn die Darmbakterien sind nicht mitgestorben. Statt nun weitere Nahrung zu verdauen, beginnen die Mikroorganismen, die Körperzellen zu zersetzen. Das heißt, die Darmbakterien suchen sich, genau wie die Enzyme, ein neues Aufgabenfeld. Der oder die Tote verdaut sich also selbst.

Dabei entstehen verschiedene Säuren (Propionsäure, Essigsäure, Buttersäure) sowie Ethanol (Alkohol). Durch den Abbau des Blutfarbstoffs Hämoglobin zu Schwefelverbindungen entstehen grünliche Verfärbungen, die sich vom Bauchraum aus über den ganzen Körper ausbreiten.

### FÄULNIS UND VERWESUNG

Fäulnisgase aus Kohlenstoffdioxid, Ammoniak und Schwefelwasserstoff blähen den Körper auf. Weiches Gewebe schwillt an, es bilden sich Blasen auf Haut und Zunge. Der Gasdruck kann auch verflüssigtes Gewebe aus dem Mund und anderen Körperöffnungen pressen.

Fäulnis ist ein anaerober Prozess, kommt also ohne Sauerstoff aus (»aer« ist griechisch für »Luft«). Verwesung ist ein aerober Prozess, benötigt also Sauerstoff. Die Fäulnis beginnt im Inneren der Leiche, die Verwesung an der Oberfläche des Körpers. Wie bei der Fäulnis sind auch hier Mikroorganismen im Spiel. Bakterien und Pilze, die sich ohnehin schon auf der Haut befinden oder über die Luft dorthingetragen wurden, zersetzen Schicht für Schicht erst die Haut, dann alle weiteren organischen Substanzen. So gelangt irgendwann Sauerstoff auch in das Innere des Körpers, wodurch die Fäulnis in Verwesung übergeht.

Bei der Verwesung entstehen vor allem Wasser, Kohlenstoffdioxid, Harnstoff und Phosphat. Diese verursachen wenig bis gar keinen Geruch, sodass in dieser Phase der Leichengeruch abnimmt oder ganz verschwindet.

Tiere spielen natürlich auch noch eine Rolle. Sie sind für eine vollständige Zersetzung tatsächlich nicht notwendig. Aber stirbt ein Mensch (oder ein Tier) im Freien, so legen Fliegen ihre Eier im toten Körper ab, und relativ schnell erfolgt eine Besiedlung durch Fliegenlarven. Auch andere Tiere sind bald am Werk: Leichen, die im Freien liegen, werden von Mäusen, Vögeln und anderen Tieren angefressen.

## DAS VERWESUNGSTEMPO

Durch die Kühlung und das Waschen der Leiche vor der Beisetzung lässt sich der Befall durch Maden zeitweilig verhindern. Doch im Grab zerfällt nach einer Weile der Holzsarg, und dann kommen alle Erdbewohner zum Zuge.

Bei guter Sauerstoffzufuhr erfolgt die Verwesung am schnellsten. Wärme beschleunigt die Zersetzung, Kälte verlangsamt sie. An der frischen Luft erfolgt die Verwesung etwa doppelt so schnell wie im Wasser und achtmal so schnell wie in einem Grab.

Woher weiß man so was? Unter anderem von der »Body Farm« (wörtlich: »Leichen-Farm«) des amerikanischen Geheimdienstes FBI in Tennessee. Dort werden Leichen von Menschen und Tieren in den unterschiedlichen Jahreszeiten und auch unter verschiedenen Bedingungen zum Beispiel auf einer Wiese, unter einem Baum und so weiter ausgelegt und den Kräften der Natur überlassen. Zu den Ergebnissen gehören die Tatsache, dass die Verwesung von Menschen sehr viel unterschiedlicher verläuft als von Schweinen oder Kaninchen – und dass Aasfresser Menschen bevorzugen. Vermutlich, weil ihre Haut dünner und unbehaart ist, sie also leichter an das nahrhafte Fleisch kommen können.

### NÖTIGE RUHEZEITEN

In einem Erdgrab zersetzt sich das Körpergewebe innerhalb von ein bis zwei Jahren. In dieser Zeit verwesen Haut, Muskeln, Organe und Bindegewebe. Haare, Fingernägel und Sehnen eines Menschen benötigen dafür etwa vier Jahre. Danach sind nur noch die Knochen übrig. Sie zerfallen sehr viel langsamer. Wie lange der Verwesungsprozess dauert, hängt vom Boden auf dem Friedhof ab. In sauren Böden mit niedrigem pH-Wert oder sandigen Böden geht es am schnellsten, deshalb beträgt die Ruhezeit dort meist zwanzig Jahre. Danach kann das Grab neu genutzt werden. Lehmböden lassen nur wenig Luft an Sarg und Leiche, deshalb beträgt die Ruhezeit dort sicherheitshalber vierzig Jahre. Bei Mischböden, dem häufigsten Fall, beträgt die Ruhezeit zwischen fünfundzwanzig und dreißig Jahren.

Ein stark lehmhaltiger Boden, ein hoher Grundwasserspiegel oder auch Leichenbekleidung aus Kunstfaser kann den Verwesungsprozess stark stören. Dann gelangt zu wenig Sauerstoff an die Leiche und die Körperfette werden in eine wachsartige

Schicht umgewandelt, die Leichenlipide (Lipide sind wasserunlösliche Naturstoffe). Sie bilden eine Art Schutzschicht um die Leiche und verhindern die weitere Zersetzung – dann ist der Körper auch am Ende der Ruhezeit noch nicht zersetzt. Man nennt das Wachsleiche. Um das zu verhindern, wird heute oft eine biologisch abbaubare Bekleidung der Leiche vorgeschrieben. Notfalls muss man den Lieblings-Polyesterpulli des Verstorbenen extra ins Grab legen.

# Wie stirbt man durch …

## … ERTRINKEN?

Wer ertrinkt, erstickt. Denn wenn Wasser in die Atemwege gelangt, verkrampft sich die Stimmritze im Kehlkopf. Das ist eigentlich als Schutzmechanismus gedacht, damit kein Wasser in die Lunge gelangt. Doch durch den Krampf kann man nicht mehr atmen. Dadurch entsteht Sauerstoffmangel, und davon werden Ertrinkende ohnmächtig. Sie bekommen also nicht bei Bewusstsein mit, wie sie (an Sauerstoffmangel) unter Wasser sterben. Der Tod tritt innerhalb weniger Minuten ein; je kälter das Wasser, desto später.

## … FEUER?

Verbrennungen sind sehr schmerzhaft. Allerdings lassen bei extrem starken Verbrennungen die Schmerzen nach, weil die Nervenendungen zerstört sind. Manche Brandopfer stehen auch so unter Schock, dass sie deshalb keine Schmerzen empfinden. Die meisten Feuertoten sterben nicht an Verbrennungen, sondern an Sauerstoffmangel und giftigen Gasen (vor allem Kohlenstoffmonoxid und Kohlenstoffdioxid). Sie führen innerhalb weniger Minuten zu Bewusstlosigkeit.

## … VERBLUTEN?

Wird die Hauptschlagader, zum Beispiel durch einen Unfall, verletzt, stirbt man innerhalb weniger Sekunden. Stark blutende Wunden sind weniger schmerzhaft als Knochenbrüche. Ist die Verletzung geringer, kann es mehrere Stunden dauern, bis der Tod eintritt. Im menschlichen Körper zirkulieren etwa fünf Liter Blut, hat man davon zwei verloren, verliert man das Bewusstsein.

## … STURZ?

Meist stirbt man durch innere Verletzungen, also entweder durch Verbluten, durch ein Aufplatzen der Lunge oder des Herzens oder durch eine schwere Schädigung des Gehirns. Der Tod nach dem Aufprall tritt innerhalb von Sekunden ein.

## ... STROMSCHLAG?

Niedrige Stromspannungen verursachen eine Bewusstlosigkeit und Herzrhythmusstörungen, die zum Herzstillstand führen (können). Höhere Spannungen können einen sofortigen Herzstillstand verursachen. Der Tod durch Stromschlag soll so schnell erfolgen, dass kein Schmerz empfunden werden kann.

## ... HERZINFARKT?

Der Herzmuskel leidet an Sauerstoffmangel. Das führt zu Schmerzen und einem Druckgefühl in der Brust, das bis in den Kiefer, den Rücken und die Arme ausstrahlen kann. Dazu kommen Kurzatmigkeit und kalter Schweiß. Die Anzeichen eines Herzinfarkts werden oft mit großer Müdigkeit, einer Magenverstimmung oder einem Muskelkrampf verwechselt. Die Schmerzen können mehrere Stunden anhalten, aber auch wieder vergehen. Bleibt der Infarkt unbehandelt, kommt es schließlich zu Herzrhythmusstörungen, darauf folgt der Herzstillstand. Zehn Sekunden später ist man bewusstlos, wenige Minuten später tot.

## ... KREBS?

Krebszellen sind krankhaft wachsende körpereigene Zellen. Wuchern sie in wichtigen Organen, können diese ihre Funktion irgendwann nicht mehr erfüllen. Man stirbt also an Organversagen. Das geschieht meist im Krankenhaus, wo die Menschen Schmerzmittel erhalten. Der Tod tritt häufig langsam ein, ist aber – dank der Medikamente – schmerzfrei.

## … GRIPPE?

Die Grippeerreger können zu Entzündungen des Herzens oder des Gehirns führen, außerdem zu Lungenentzündungen. Außerdem kann Grippe hohes Fieber zur Folge haben, was Herz und Kreislauf belastet. Ohnehin kranke oder schwache Menschen können dann am Versagen des jeweiligen Organs (Herz, Hirn, Lunge) sterben. Dies geschieht jedoch meist im Krankenhaus, wo sie Schmerzmittel erhalten.

# Ausblick: Wie kann das Leben weitergehen?

Trauer fühlt sich unangenehm an. Was also haben wir davon (wenn überhaupt etwas)?

Wie soll, wie kann es weitergehen nach dem Tod eines wichtigen Menschen? Ganz sicher jedenfalls anders als vorher.

Der Verlust eines Menschen und die tiefe, schmerzhafte und oft lange Trauer verändern uns und unsere Weltsicht. Genau das ist auch ihre Aufgabe, denn die Welt ist schließlich anders als vorher: Jemand fehlt.

Die Trauer wird nie enden. Wir können nur lernen, mit ihr zu leben. Oft sind Kinder die Letzten, die bei Veränderungen »Hier, ich!« rufen. Aber sie sind meist auch die Ersten, die sich mit veränderten Situationen arrangieren und sie scheinbar leichter als Erwachsene bewältigen können. Kinder und Jugendliche, die bereits mit dem Tod umgehen lernen mussten, können in einer geschützten und unterstützenden Umgebung etwas erfahren und lernen, was Erwachsenen ungleich schwerer fällt.

### ANTWORTVORSCHLAG FÜR KINDERGARTEN- UND GRUNDSCHULKINDER

»Es ist sehr schwierig, wenn jemand stirbt, den man sehr geliebt hat. Wer damit klargekommen ist, der/die kann eigentlich alles schaffen. Niemand weiß, wie lange Traurigsein dauert. Und das Traurigsein kann auch immer wieder mal zurückkommen. Wenn einem der Mensch, der gestorben ist, ganz besonders fehlt. Das ist in Ordnung. Trotzdem kann man nach einiger Zeit auch wieder fröhlich sein und Spaß am Leben haben. Selbst wenn sich das im Moment noch gar nicht so anfühlt.«

### ANTWORTVORSCHLAG FÜR TEENAGER, JUGENDLICHE UND JUNGE ERWACHSENE

»Traurigsein ist scheußlich. Wer die tiefe Trauer über den Verlust eines geliebten Menschen ausgehalten und überlebt hat, weiß: Etwas Schlimmeres kann nicht mehr kommen! Viele Menschen berichten Jahre später, dass sie mutiger und lebensfreudiger seien, gerade weil sie wissen, wie es ist, wenn jemand stirbt. Das tröstet, während man drinsteckt, kaum oder gar nicht. Ist aber trotzdem so. Traurigsein kann sehr lange dauern. Muss aber nicht. Und die Trauer kann später auch mal zurückkommen. Vor allem in Momenten, in denen einem der Mensch, der gestorben ist, ganz besonders fehlt. Zum Beispiel an Jahrestagen, Feiertagen, und zu besonderen Anlässen. Das ist ganz normal. Den meisten Hinterbliebenen geht es besser, wenn sie davon erzählen, als wenn sie darüber schweigen. Wenn du noch andere Menschen kennst, denen die Person auch fehlt (meist andere Familienmitglieder), sprich mit ihnen darüber, frag, ob es ihnen so ähnlich oder vielleicht auch ganz anders geht. Denn zusammen ist man weniger allein.«

# Nachwort

Vielleicht fragen Sie sich, warum ausgerechnet ich über Todesfälle und Trauer bei jungen Menschen schreibe. Ich beschäftige mich ja sonst eher mit lustigen Sachen und erkläre, warum Popeln gut ist, oder mache vorzugsweise Furzwitze.

Meine Eltern haben sich scheiden lassen, als ich gerade in der ersten Klasse war. Obwohl zu der Zeit Kinder normalerweise bei ihrer Mutter blieben, sind meine kleine Schwester und ich zu meinem Vater gezogen. Wir bekamen zuerst eine neue Stiefmutter und dann eine neue Schwester. Unter uns Geschwistern war alles in Ordnung, nur mit unserer Stiefmutter kamen wir nicht richtig klar. Als ich fünfzehn war, erkrankte mein Vater an Krebs, wurde immer dünner und schwächer, musste ins Krankenhaus – und kurze Zeit später klingelte an einem Sonntagabend im September das Telefon. Unser Vater war gestorben. Unsere Stiefmutter wollte oder konnte sich nicht mehr um uns kümmern. Meine kleine Schwester zog zurück zu unserer Mutter. Ich ging für ein Jahr als Austauschschüler in die USA. Der Kontakt zu unserer Stiefmutter und zu meiner Schwester brach ab. Und wir verloren nicht nur unseren Vater, sondern auch unser Zuhause mit allen Fotoalben, Homevideos und Sachen, die uns an ihn erinnerten.

Das war echt schwer.

Als ich vor einigen Jahren von einem Nachbarn gefragt wurde, ob ich mir vorstellen könnte, bei TrauBe, einem Trauerbegleitungsverein für Kinder und Jugendliche in Köln, aktiv zu werden, und ich das erste Mal die Räume besuchte, in denen sich die Trauergruppen treffen, merkte ich nicht nur, wie nah mir die Bilder und Geschichten der Kinder dort gingen, sondern auch, wie nah der Tod meines Vaters immer noch war. Ich finde es ganz großartig, wie die jungen Menschen bei TrauBe – und den vielen anderen Trauergruppen, die es gibt – lernen, mit ihren Verlusten umzugehen. Wie wichtig das für ihr Leben ist, das ja nicht aufhört, weil ein für sie wichtiger Mensch gestorben ist. Hätte es damals Trauergruppen für Jugendliche gegeben, ich wäre nicht weniger traurig gewesen, aber wir hätten es vielleicht leichter gehabt, einander zu verstehen und zu unterstützen.

Trauern ist schwer. Es wird leichter mit Menschen, die geduldig mit einem sind, sich alle Fragen anhören und sie so gut es geht beantworten. Das gilt auch fürs Bücherschreiben. Und erst recht fürs Trauerbücherschreiben. Deshalb danke ich allen sehr, die mir bei der Bewältigung dieser Aufgabe geholfen haben, vor allem den Trauerbegleiterinnen und Trauerbegleitern von TrauBe Köln, die so eine wichtige Arbeit machen. Vielen Dank auch den Bestatterinnen und Bestattern, mit denen ich sprechen durfte, und dem Institut für Rechtsmedizin der Uniklinik Köln.

Ich hoffe, dass dieses Buch Ihnen und Ihrem Kind oder Ihren Kindern eine Hilfe und Unterstützung ist. Ich wünsche Ihnen alles Gute.

# Verwendete Literatur

Albig, Jörg-Uwe (Hrsg.): *Geo Wissen: Organspende – wann ist ein Mensch tot?; Hospiz – für ein würdiges Ende; Trauer – warum Abschied Zeit braucht; Seele – was kommt nach dem Tod? 2013, 51: Vom guten Umgang mit dem Tod.* Geo-Wissen, 51: Den Menschen verstehen. Hamburg: Gruner + Jahr, 2013.

Alefeld-Gerges, Beate, und Sigg, Stephan: *Trauerarbeit mit Jugendlichen: junge Menschen begleiten bei Abschied, Verlust und Tod.* 1. Auflage. München: Don Bosco, 2017.

Biesinger, Albert, Kohler-Spiegel, Helga, und Hiller, Simone (Hrsg.): *Gibt es ein Leben nach dem Tod? Kinder fragen – Forscherinnen und Forscher antworten*. München: Kösel, 2017.

Cardinal, Claudia: *Alles, nur kein Kinderkram: was trauernde Kinder und Jugendliche brauchen*. Ostfildern: Patmos-Verlag, 2012.

Devine, Megan: *Es ist okay, wenn du traurig bist: warum Trauer ein wichtiges Gefühl ist und wie wir lernen, weiterzumachen.* München: mvg Verlag, 2018.

Di Gallo, Alain: »Wenn ein Elternteil körperlich schwer erkrankt – Herausforderung in der ärztlichen Praxis mit Blick auf die betroffenen Kinder«. *Praxis* 108, Nr. 8 (Juni 2019): 554–58; https://doi.org/10.1024/1661-8157/a003242 [12.12.19].

Färber, Margret, und Lutz, Martina: *Plötzlich mit dem Tod konfrontiert: ein Leitfaden für Kitas mit Notfallplänen, Checklisten und Hilfen zur Trauerbegleitung*. München: Don Bosco, 2014.

Farm, Maria, Kicherer, Birgitta, und Schaalburg, Bianca: *Wie lange dauert Traurigsein? Für alle, die jemanden verloren haben*. Hamburg: Oetinger, 2014.

Fleck-Bohaumilitzky, Christine: *Wenn Kinder trauern: was sie fühlen – was sie fragen – was sie brauchen*. Ostfildern: Patmos Verlag, 2016.

Franz, Margit: *Tabuthema Trauerarbeit: Kinder begleiten bei Abschied, Verlust und Tod*. München: Don-Bosco-Medien, 2008.

Gätjen, Heike, und Kauss, Uwe: *Wie ist das mit dem Tod?* Willi wills wissen. 10. Frankfurt am Main: Baumhaus-Verlag, 2007.

Haagen, Miriam: *Mit dem Tod leben: Kinder achtsam in ihrer Trauer begleiten. Ein Ratgeber für verwitwete Eltern.* Rat & Hilfe. Stuttgart: Verlag W. Kohlhammer, 2017.

Jung, Susanne, und Bleuel, Nataly: *Besser leben mit dem Tod: oder wie ich lernte Abschied zu nehmen*. Stuttgart: Klett-Cotta, 2013.

Lingenhöhl, Daniel: »Verwesung: Wie schnell zersetzen wir uns?«, in: Spektrum der Wissenschaft, 2019; https://www.spektrum.de/news/wie-schnell-zersetzen-wir-uns/1409057 [12.12.19].

o.V.: »Verwesung eines Körpers: Phasen der Zersetzung nach dem Tod«, in: november.de; https://november.de/ratgeber/todesfall/verwesung/ [12.12.19].

Paul, Chris: *Keine Angst vor fremden Tränen! Trauernden Freunden und Angehörigen begegnen*. Gütersloh: Gütersloher Verlagshaus, 2013.

Ritter, Marc, Ising, Tom, und Jay, Bradley: *Das Allerletzte: was Sie schon immer über den Tod wissen wollten*. München: Riemann, 2013.

Schrödel, Tobias, *Der digitale Tod*. Wiesbaden: Springer, 2018.

Schroeter-Rupieper, Mechthild: »Der anstehende Tod eines Familienangehörigen«, in: familienhandbuch.de, https://www.familienhandbuch.de/familie-leben/schwierige-zeiten/tod-trauer/deranstehendetodeinesfamilienangehoerigen.php. [12.12.19].

Schroeter-Rupieper, Mechthild: *Für immer anders: das Hausbuch für Familien in Zeiten der Trauer und des Abschieds*. Ostfildern: Schwabenverlag, 2010.

Specht-Tomann, Monika: *Trauernden Kindern Halt geben: was Eltern tun können*. Ostfildern: Patmos Verlag, 2016.

Statista: »Anzahl der Sterbefälle in Deutschland nach Bundesländern im Jahr 2018«, in: statista.com; https://de.statista.com/statistik/daten/studie/613543/umfrage/sterbefaelle-in-deutschland-nach-bundeslaendern/ [12.12.19].

Statistisches Bundesamt: »Todesursachen«, in: destatis.de; https://www.destatis.de/DE/Themen/Gesellschaft-Umwelt/Gesundheit/Todesursachen/_inhalt.html [12.12.19].

Strohmaier, Brenda: *Nur über seine Leiche: wie ich meinen Mann verlor und verdammt viel übers Leben lernte*. München: Penguin Verlag, 2019.

Vieregge, C. Juliane: *Lass uns über den Tod reden*. Berlin: Christoph Links Verlag, 2019.

Weber, Kornelia, und Wirtz, Peter: *Krankheit, Tod und Trauer in der Schule: Eine Praxishilfe zum achtsamen Umgang.* Weinheim, Basel: Beltz, 2019.

Witt-Loers, Stephanie: *Trauernde Jugendliche in der Familie. Trauerbegleitung.* Göttingen: Vandenhoeck & Ruprecht, 2014.